Windows 11

Datenschutzfibel

Wolfram Gieseke

Windows 11
Datenschutzfibel

Persönliche Daten und Informationen schützen

Auch versteckten Datenschutzoptionen finden

Überwachung durch Windows unterbinden

Die Deutsche Nationalbibliothek verzeichnet diese Publikation in der Deutschen Nationalbibliografie; detaillierte bibliografische Daten unter http://dnb.dnb.de

© 2023 Wolfram Gieseke

Herstellung und Verlag: BoD – Books on Demand, Norderstedt

ISBN: 9783-7347-1448-1

Vorwort

Datenschutz ist für immer mehr Menschen ein wichtiges Thema, gerade auch bei Windows 11. Das beliebte Betriebssystem ist durch Onlinekonten, Cloud-Diensten und Telemetrie-Funktionen eng mit den Datensammeldiensten von Microsoft verknüpft. Zwar lassen sich alle diese  Funktionen durch den Anwender steuern. Aber diese Optionen sind wenig benutzerfreundlich in den Windows-Einstellungen verteilt. Einen globalen „Aus"-Schalter sucht man vergebens, ebenso wie einen roten Faden oder einen Assistenten, der durch alle Dialoge führt.

Genau hier wird dieses Buch einspringen und Sie zu allen Windows-Einstellungen führen, die für Datenschutz und Privatsphäre (oder neudeutsch „Privacy") wichtig sind. Erfahren Sie, wo Sie diese Optionen finden, was sie bedeuten und welche Einstellungen empfehlenswert sind. Auch für zu Windows gehörende Apps wie den Edge-Browser oder Teams zeigt Ihnen das Buch, wie Sie diese für Datenschutz und anonyme Nutzung optimieren.

Wolfram Gieseke

Inhaltsverzeichnis

1. Datenschutz von Anfang an

Einige für den Datenschutz wichtige Einstellungen können und sollten Sie gleich von Anfang an vornehmen. Dies gilt vor allem, wenn Sie Windows auf einem PC neu installieren. Zwar können Sie auch diese Einstellungen nachträglich verändern und korrigieren. Aber am einfachsten ist es, gleich richtig zu starten.

Microsoft-Konto vs. lokale Anmeldung

Eine ganz grundlegende Entscheidung mit großen Auswirkungen auf den Datenschutz ist die Frage, wie Sie sich bei Ihrem Windows anmelden. Standardmäßig möchte Windows eine Verbindung mit einem Microsoft-Konto. Das beginnt schon bei der Installation, wo üblicherweise das meistgenutzte Benutzerkonto eingerichtet wird. Hier tut Windows so, als ob es nur eine Anmeldung per Microsoft-Konto gäbe. Die Alternative – nämlich das Anmelden mit einem lokalen Konto ohne jegliche Verbindung zu irgendwelchen Onlinediensten – ist nur über Umwege möglich.

Eine solche Anmeldung mit einem Microsoft-Konto hat durchaus Vorteile, unter anderem:

▶ Das Konto wird automatisch in allen installierten Microsoft-Apps verwendet, also beispielsweise im

Store, für E-Mail, Kalender, Musik usw. Verwenden Sie beispielsweise die E-Mail-Adresse dieses Kontos, können Sie nach der Anmeldung direkt auf neue Nachrichten zugreifen. Ist ein Kalender mit diesem Konto verknüpft, werden Ihnen dessen Termine automatisch angezeigt usw.

▶ Eine recht praktische Funktion ist das Synchronisieren des Kontos, auch Roaming genannt. Wenn Sie dasselbe Konto auf mehreren PCs verwenden, werden die Einstellungen zwischen diesen PCs automatisch abgeglichen. Beispiel: Sie wählen auf dem einen PC ein neues Hintergrundbild aus und beim nächsten Anmelden am anderen PC zeigt dieser dasselbe Hintergrundbild an. Das gilt für viele andere Einstellungen ebenso, etwa eingerichtete WLAN-Zugänge, den Browserverlauf oder die Leseliste mit vorgemerkten Webartikeln.

Der Nachteil eines Microsoft-Kontos in Bezug auf Datenschutz liegt auf der Hand. Durch dieses Konto lassen sich alle Daten, die von Windows übermittelt werden, einer ganz bestimmten Person zuordnen. Außerdem sind mit einem Microsoft-Konto ganz konkrete persönliche Angaben verbunden, etwa wenn Sie mit diesem Konto schon einmal eingekauft haben, Zahlungsinformationen für den Windows Store hinterlegt haben usw.

Wer auf die Funktionen eines Microsoft-Kontos verzichten kann bzw. bereit ist, kleine

Einschränkungen hinzunehmen, kann Windows genauso gut mit einem lokalen Konto benutzen. Funktionelle Einschränkungen (über das hier beschriebene hinaus) gibt es dadurch nicht. Dadurch bringt man zwar nicht automatisch alle „Schnüffelfunktionen" von Windows zum Schweigen, aber man sorgt zumindest dafür, dass diese Funktionen nur noch anonyme Daten an Microsoft liefern. Auch diese Anonymität ist relativ, da der Softwarehersteller immer noch alle Daten von einem bestimmten Gerät einander zuordnen kann. Aber diese Zuordnung bezieht sich dann eben erstmal nur auf ein Gerät und nicht auf eine Person und deren Aktivitäten ggf. an mehreren Geräten.

Lokales Konto schon bei der Installation

Das erste Benutzerkonto wird direkt bei der Installation angelegt. Dabei bemüht sich der Assistent, Sie zu einem Microsoft-Konto zu verlocken. Eine Alternative scheint es auf den ersten Blick nicht geben. Deshalb ist ein kleiner Umweg nötig:

1. Lassen Sie sich zunächst auf das Verwenden eines Microsoft-Kontos ein.

2. Geben Sie als Benutzernamen *Microsoft* ein. Als Kennwort können Sie etwas Beliebiges eintippen.

3. Der Assistent reagiert zunächst mit einer Fehlermeldung, bietet Ihnen dann aber sofort an, stattdessen ein lokales Benutzerkonto anzulegen.

Fügen Sie Ihr Microsoft-Konto hinzu

■■ Microsoft

Leider ist ein Problem aufgetreten.

Jemand hat zu oft ein falsches Kennwort für dieses Konto eingegeben. Wir haben Ihr Konto aus Sicherheitsgründen vorübergehend gesperrt. Bitte versuchen Sie es später noch einmal.

Weiter

4. Geben Sie hierbei nun den gewünschten Benutzernamen an.

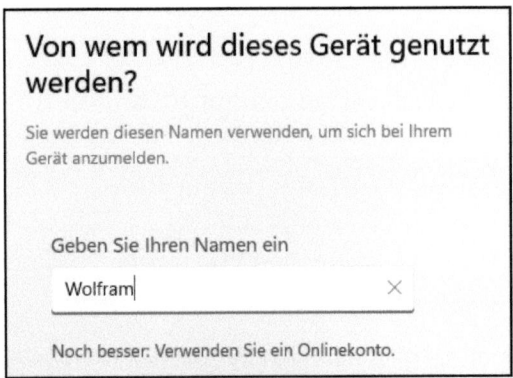

Von wem wird dieses Gerät genutzt werden?

Sie werden diesen Namen verwenden, um sich bei Ihrem Gerät anzumelden.

Geben Sie Ihren Namen ein

Wolfram   ×

Noch besser: Verwenden Sie ein Onlinekonto.

5. Anschließend tippen Sie das Kennwort (zweimal) ein und legen Sicherheitsfragen zum Zurücksetzen desselben fest, falls Sie es vergessen sollten.

6. Anschließend geht es mit dem Setupvorgang ganz normal weiter.

Damit haben Sie ein lokales Benutzerkonto erstellt, das Sie dauerhaft uneingeschränkt nutzen können.

Datenschutz-Einstellungen während Installation

Bei jeder Windows-Installation zeigt der Assistent zum Abschluss der Installation Dialoge mit grundlegenden Datenschutzeinstellungen an. Das gilt sowohl für eine Neuinstallation als auch für „Feature-Updates". Das Gemeine daran: Microsoft füllt diesen Dialog schon mal standardmäßig in seinem Sinne aus. Wer hier also einfach abnickt, installiert Windows in einer eher gesprächigen Variante, die man dann später wieder zum Schweigen bringen muss.

Besser ist es deshalb, genau hinzuschauen und nur die Optionen eingeschaltet zu lassen, die man selbst wünscht. Wobei man keinen Fehler macht, hier erstmal alles auszuschalten und einzelne Einstellungen später ggf. wieder zu aktivieren.

Hier die verschiedenen Dialoge im Überblick (die Reihenfolge der einzelnen Punkte ändert Microsoft immer mal wieder):

▶ *Standort*
   Bei mobilen Geräten mag es sinnvoll sein, Windows und Apps jeweils auf den aktuellen Standort zugreifen zu lassen. Bei einem fest installierten Desktop-Rechner aber ist diese Information überflüssig.

13

▶ *Geräte-Suche*
Auch diese Funktion ist allenfalls bei mobilen Geräte interessant. Sie ermöglicht es, ein Notebook oder Tablet zu lokalisieren, falls es verloren oder entwendet wurde.

▶ *Diagnosedaten*
Wer hier *Optionale einschließen* wählt, sendet Microsoft ein Maximum an Daten über die Verwendung des eigenen PCs. Man selbst hat davon allenfalls indirekt etwas, wenn man davon ausgeht, dass Windows insgesamt durch diese Rückmeldungen verbessert wird. Mit der Option *Nur Erforderlich* reduzieren Sie die übertragenen Daten von vorne herein auf das Minimum.

▶ *Eingabeerkennung*
Vorschläge zur Autovervollständigung oder Korrektur beim Tippen oder Stifteingabe sind eine praktische Hilfe, erfordern aber, dass jeder eingegebene Buchstabe an Microsoft übermittelt wird.

▶ *An den jeweiligen Benutzer angepasste Erfahrung*
Falls Sie hier Ja wählen, darf Microsoft aus den über Sie zusammengetragenen Informationen individuelle Tipps und Empfehlungen ableiten. Mit Nein erhalten Sie solche Empfehlungen trotzdem, allerdings sind sie dann allgemeiner.

▶ *Werbe-ID*
Entscheiden Sie selbst, ob Sie das Übermitteln ausführlicher Daten über Ihre Windows-Nutzung eintauschen wollen, gegen Tipps und

Empfehlungen, die laut Microsoft individueller auf Ihre Bedürfnisse und Nutzungsgewohnheiten abgestimmt sind.

Microsoft-Konto auf lokale Anmeldung umstellen

Falls Sie sich bereits von Windows zu einem Microsoft-Konto haben verleiten lassen, ist das aber auch kein großes Problem. Erfreulicherweise erlaubt Windows es, diese Entscheidung rückgängig zu machen und die Anmeldung auf lokale Zugangsdaten umzustellen.

Ihre Dateien und Einstellungen werden dadurch nicht beeinträchtigt. Lediglich Apps, die bislang von der zentralen Anmeldung profitiert haben, funktionieren nun ggf. nicht mehr, was ja aber vielleicht sogar gewollt ist. In den einzelnen Apps, die Sie nutzen möchten, können Sie das Microsoft-Konto anschließend wieder nur für die jeweilige App aktivieren.

1. Öffnen Sie die Windows-Einstellungen und rufen Sie dort die Kategorie *Konten/Ihre Infos* auf.

2. Hier finden Sie rechts Ihr eigenes Microsoft-Konto. Klicken Sie darunter im Abschnitt *Kontoeinstellungen* auf *Stattdessen mit einem lokalen Konto anmelden*.

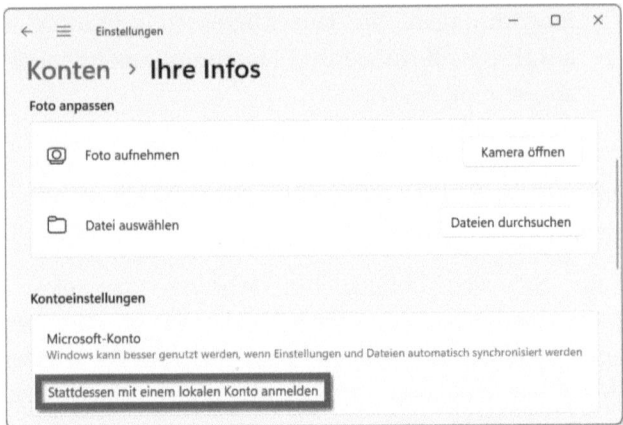

3. Geben Sie anschließend das Kennwort Ihres Microsoft-Kontos zur Authentifizierung ein.

4. Nun können Sie wiederum ein lokales Konto mit Benutzername, Kennwort und Kennworthinweis erstellen.

Windows meldet Sie dann ab. Anschließend können Sie sich mit dem lokalen Konto anmelden.

Weitere lokale Konten anlegen

Auch beim Anlegen weitere Benutzerkonten etwa für Familienmitglieder führt Windows Sie zielsicher zu einem Microsoft-Konto. Wozu man sagen sollte, dass es durchaus Vorteile haben kann, etwa für Kinder Microsoft-Konten anzulegen. Nur so lassen sich für diese Konten spezielle Funktionen etwa zum Kinder- und Jugendschutz nutzen. Wer aber auf Datenschutz Wert legt, den wird das wohl nicht überzeugen, insbesondere weil sich solche Schutzfunktionen auch auf anderen Wegen, etwa durch Zusatzsoftware realisieren lassen.

1. Öffnen Sie die Windows-Einstellungen und wechseln Sie dort in die Kategorie *Konten* und dann in die Untergruppe *Weitere Benutzer*.

2. Klicken Sie dort unter im Abschnitt *Andere Benutzer* beim Eintrag *Weiteren Benutzer hinzufügen* rechts auf *Konto hinzufügen*.

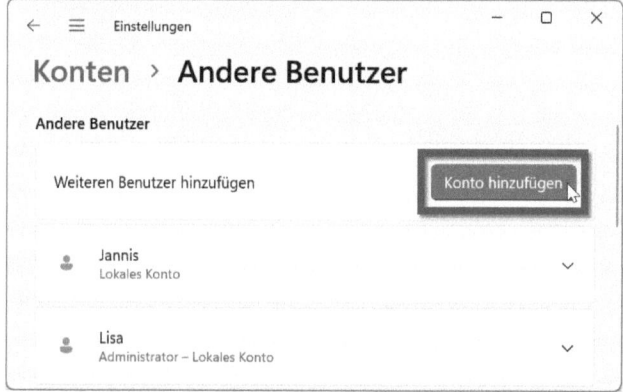

3. Um ein lokales Benutzerkonto anzulegen, wählen Sie dann erst unten *Ich kenne die Anmeldeinformationen dieser Person nicht* und im nächsten Schritt *Benutzer ohne Microsoft-Konto hinzufügen*.

4. Anschließend geben Sie Name und Kennwort für den neuen Benutzer an. Außerdem müssen Sie Sicherheitsfragen mit Antworten hinterlegen, mit denen Sie das Kennwort zurücksetzen können, falls Sie es irgendwann vergessen sollten.

Microsoft-Konto nur in einzelnen Apps

Wenn Sie Ihre Windows-Anmeldung auf ein lokales Konto umgestellt haben, werden Sie ggf. feststellen, dass einige Apps nicht mehr ohne weiteres funktionieren. Das gilt für alle Apps, die ebenfalls mit diesem Konto verbunden sind, etwa die Store-App, Mail, Kalender, Musik, OneDrive usw. Das ist kein großes Problem. Wenn Sie diese Apps weiter nutzen möchten, können Sie bei jeder App einzeln das zuvor zentral konfigurierte Microsoft-Konto wieder einstellen.

1. Wenn eine App auf ein Microsoft-Konto angewiesen ist, meldet sie sich 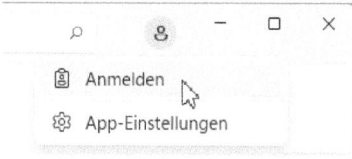 automatisch – entweder direkt beim Start oder spätestens, wenn Sie eine Funktion aufrufen, die sich nur mit Online-Anmeldung nutzen lässt. Alternativ können Sie diesen Vorgang auch jederzeit anstoßen, beispielsweise bei der Store-App, indem Sie oben links neben dem Suchfeld auf das Benutzer-Symbol klicken und im Menü Anmelden wählen.

2. Tippen Sie Adresse und das Kennwort Ihres Microsoft-Kontos ein und klicken Sie auf Anmelden.

3. Wichtig ist der nächste Schritt nach dem Eingeben des Kennworts. Wenn Sie wie naheliegend direkt auf Weiter klicken, stellen Sie die Windows-Anmeldung komplett von einem lokalen Benutzerkonto auf ein das angegebene Microsoft-Konto um!

4. Wenn Sie dies nicht wollen, klicken Sie stattdessen auf den unscheinbaren Link Nur Microsoft-Apps. Dann wird das Konto nur mit dieser App verknüpft und für Windows insgesamt bleibt es bei der lokalen Benutzeranmeldung.

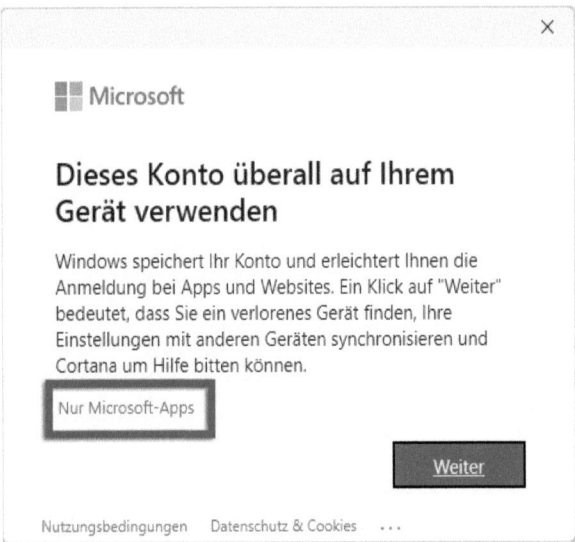

Diese Anmeldung muss pro App nur einmal vorgenommen werden und wird dann gespeichert, bis Sie sich bewusst wieder abmelden. Sie gilt aber eben auch nur für diese eine App und nicht für alle oder gar für Windows insgesamt.

Dabei gibt es allerdings Ausnahme wie die Mail- und Kalender-Apps. Wenn Sie eine dieser beiden Apps mit einem Microsoft-Konto verbinden, gilt diese automatisch auch für die andere App. Sie können aber in diesem Fall bei Bedarf die andere App zumindest so konfigurieren, dass sie dieses Konto nicht synchronisiert.

2. Kontrolle über Ihre Daten

Wenn Sie sich erst jetzt intensiver mit dem Thema Datenschutz auseinandersetzen, sollten Sie zunächst eine Bestandsaufnahme machen. Welche Daten haben Sie in der Vergangenheit bereits preisgegeben und welche Schritte sind nötig, um in Zukunft sparsamer mit den eigenen Daten umzugehen? Gerade die Analyse, wie umfangreich Windows mit Standardeinstellungen Daten sammelt, kann anfangs erschreckend sein.

Diese Daten erfasst Microsoft über Sie

Wenn Sie Ihren Windows-PC und/oder andere Geräte mit einem Microsoft-Konto verwenden, erfasst Microsoft eine Vielzahl von Daten. Immerhin gibt sich der Softwareriese aber so transparent, dass er Ihnen verrät, welche Daten das genau sind. Das gibt jedem die Möglichkeit, sich selbst ein Bild von der Datensammelwut sowie ggf. von der Effektivität der vorgenommenen Einstellungen zu machen. Sie benötigen dazu lediglich einen Webbrowser und die Zugangsdaten Ihres Microsoft-Kontos:

1. Öffnen Sie in den Windows-Einstellungen den Bereich *Datenschutz und Sicherheit/Allgemein* und klicken Sie dort bei *Datenschutzressourcen* auf *Datenschutz-Dashboard*.

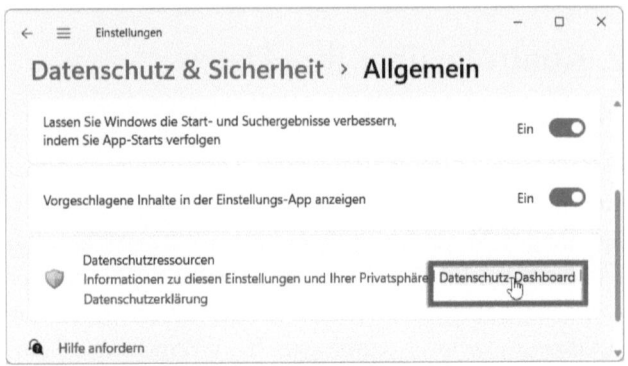

2. Werden Sie hier zunächst zum Anmelden aufgefordert, verwenden Sie dazu Ihr Microsoft-Konto bzw. die damit übereinstimmenden Windows-Anmeldedaten (sofern Sie noch ein Microsoft-Konto für die Anmeldung nutzen).

3. Nach erfolgreicher Anmeldung öffnet sich das Datenschutz-Dashboard, wo Sie in verschiedenen Abschnitten wie *Browserverlauf*, *Suchverlauf*, *Standort-Aktivität* oder *Sprachaktivität* kontrollieren können, welche Daten Microsoft vorliegen.

4. Aber Sie können Daten hier nicht nur betrachten, sondern auch löschen. In den meisten Abschnitt finden Sie dazu oberhalb der Liste rechts einen Link *Alle...löschen*. Das empfiehlt sich insbesondere, wenn Sie Ihr Windows mit den Empfehlungen in diesem Buch diskreter konfiguriert haben und nun die „Altlasten" loswerden möchten.

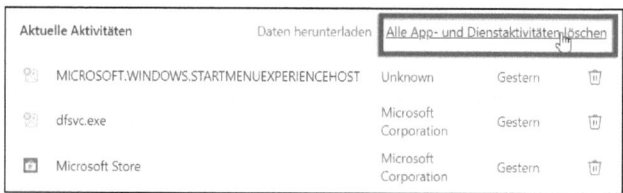

5. Einige Abschnitte weichen davon ab. Bei Daten zur App- und Serviceleistung etwa finden Sie stattdessen eine Schaltfläche *Leistungsdaten für Apps und Dienste löschen*. Bei anderen Abschnitten wie Standortaktivität oder Browserverlauf werden Sie stattdessen auf lokale Einstellungen auf Ihrem Gerät verwiesen.

Telemetrie im Diagnostic Data Viewer überwachen

Wohl um zu demonstrieren, dass Microsoft es mit dem Datenschutz nun wirklich ernst meint, stellt der Softwareriese seinen Anwendern eine App zur Verfügung, mit der man den Abfluss von Diagnosedaten vom eigenen PC gen Microsoft überwachen kann. So kann man die Auswirkungen der verschiedenen datenschutz-bezogenen Optionen hautnah verfolgen.

Den Diagnostic Data Viewer installieren

Das Programm nennt sich *Diagnostic Data Viewer* und kann aus dem Microsoft Store heruntergeladen werden. Bemühen Sie dort die Suchfunktion, um die App zu finden („Diagnostic" sollte als Suchbegriff reichen). Auf der Detailseite der App brauchen Sie dann nur noch auf *Installieren* zu klicken.

Einblick in die übermittelten Daten

Nach dem Herunterladen können Sie die App direkt starten.

1. Sollte Windows sich dabei beschweren, dass die Anzeige von Diagnosedaten nicht aktiviert ist, können Sie direkt in die Datenschutzeinstellungen wechseln und das nachholen.

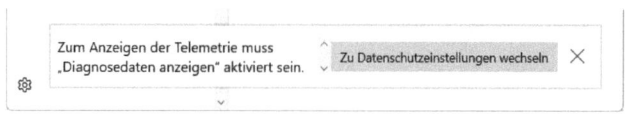

2. Gehen Sie dazu in den *Diagnose & Feedback-*Optionen nach unten zum Abschnitt *Diagnosedaten anzeigen* und schalten Sie diese *Ein*.

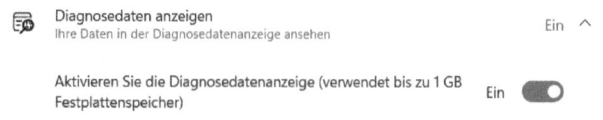

3. Anschließend liefert die Diagnosedatenanzeige ständig neue Ereignisse, die Sie jeweils per Klick auf die kreisförmige Aktualisieren-Schaltfläche oben neben dem Suchfeld importieren können.

4. Die Ereignisse sehen Sie links als lange Liste, wobei jeweils der Urheber des Ereignisses angegeben ist.

5. Klicken Sie einen der Einträge an, wird rechts der übermittelte Inhalt angezeigt.

An dieser Stelle könnte sich Enttäuschung breit machen, denn die Daten werden „im Original" und somit in einer für Maschinen gut, aber für Menschen umso schlechter lesbaren Form angezeigt. Trotzdem:

▶ Interessant ist schon mal die Menge an Daten insgesamt. Wenn Sie ein Weilchen abwarten (und nichts am Rechner tun) werden Sie feststellen, dass Windows selbst dann munter Daten erzeugt und übermittelt. Und auch jeder Start einer Anwendung erzeugt weitere Datenpakete.

▶ Für weitere Recherchen ist die Suchhilfe praktisch. Wenn Sie beispielsweise eine Seite im Edge-Browser öffnen und anschließend in der Diagnosedatenanzeige nach dem Namen der Seite suchen, werden Sie höchstwahrscheinlich einige Treffer landen, weil Edge Ihren Surfbesuch direkt an Microsoft weiter gemeldet hat.

Die Datenausgabe filtern

Die recht umfangreiche Datenausgabe lässt sich durch verschiedene Filter beschränken. Klicken Sie dazu oben links auf das Menüsymbol, um den Seitenbereich anzuzeigen. Dort finden Sie im Abschnitt *Filter* verschiedene Themenbereiche, auf die Sie die Datenausgabe konzentrieren können:

▶ *Nur erforderliche Daten anzeigen*: Hiermit schalten Sie ein sparsamen Modus ein, in dem nur grundlegende Daten angezeigt und Details ausgespart werden.

▷ *Browserverlauf*: Dieser Filter zeigt alle Übermittlungen an, die mit besuchten Webseiten zu tun haben.

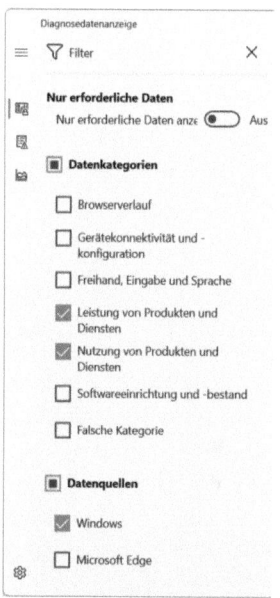

▷ *Gerätekonnektivität und - konfiguration*: Ein Filter für Informationen über vorhandene und verbundene Geräte und deren Einstellungen.

▷ *Freihand, Eingabe und Sprache*: Alles, was mit dem Eingeben von Text per Tastatur, Sprache oder Stift zu tun hat.

▷ *Leistung von Produkten und Diensten*: Dieser Filter beschränkt sich auf Information zum Laufverhalten von Apps, Anwendungen und Diensten, also etwa wann und wie oft sie genutzt werden und welche Probleme dabei ggf. auftreten.

▷ *Nutzung von Produkten und Diensten*: Hier geht es im Gegensatz zum vorherigen Punkt darum, was inhaltlich mit dem Anwendungen und Diensten auf Ihrem PC gemacht wird.

▶ *Softwareeinrichtung und -bestand*: Diese Kategorie erfasst den Softwarebestand des PCs sowie Informationen über Installationen und Deinstallationen.

▶ *Falsche Kategorien*: Unter dieser etwas irreführenden Bezeichnungen finden Sie alles, was in keiner der anderen Kategorien passt.

▶ Unter *Datenquellen* können Sie die Anzeige zusätzlich auf bestimmte Bereiche wie Windows oder Microsoft Edge beschränken.

Sie können mehrere Filter kombinieren, indem Sie sie nacheinander anklicken. Durch erneutes Anklicken wird ein Filter wieder deaktiviert.

Und nur im Missverständnissen vorzubeugen: Die Filter der Diagnosedatenanzeige beziehen sich nur auf die Darstellung in der Daten in der App. Sie wirken sich nicht auf die tatsächlich übertragenen Daten aus.

Was Ihr Microsoft-Konto synchronisiert

Das Verwenden eines Microsoft-Kontos und Datenschutz bzw. Privatsphäre schließen sich nicht aus. Sie können ein Microsoft-Konto verwenden und trotzdem viele der in diesem Ratgeber beschriebenen Option deaktivieren bzw. im Sinne von Datenschutz und Privatsphäre einstellen. Es ist also keineswegs so, dass Sie bei Verwenden eines Microsoft-Kontos Windows ohnehin schutzlos ausgeliefert wären oder dass das Verwenden eines lokalen Kontos weitere

Einstellung überflüssig machen würde. Aber mit jedem Microsoft-Konto sind eine Reihe von Synchronisierungseinstellungen verbunden, die das nahtlose „Roaming" zwischen verschiedenen PCs und Mobilgeräten erlauben.

Bei diesem Roaming werden Daten zwischen den Geräten ausgetauscht, bei denen Sie sich mit demselben Microsoft-Konto anmelden. Dieser Austausch erfolgt aber per Zwischenspeicherung auf Microsoft-Servern, denn sonst wäre das Synchronisieren ja immer nur möglich, wenn beide Geräte zur gleichen Zeit eingeschaltet und online sind. Alle synchronisierten Daten fließen also auf Microsoft-Server ab.

Und auch wenn Sie das Microsoft-Konto nur auf einem einzigen PC benutzen, also gar keine Notwendigkeit für das Synchronisieren besteht, sollten Sie davon ausgehen, dass Microsoft solche Daten auf seine Server zieht. Denn Sie könnten ja jederzeit ein weiteres Gerät in Betrieb nehmen und dann sollen die Daten sofort zur Verfügung stehen.

Wollen Sie also bei Verwendung eines Microsoft-Kontos das Transferieren von Synchronisierungsdaten auf Microsoft-Server verhindern, können Sie das nur aktiv durch Festlegen der dazugehörenden Optionen erreichen.

1. Öffnen Sie dazu in den Einstellungen Ihres PCs die *Kategorie Konten/ Windows-Sicherung*.

2. Hier können Sie die Roaming-Funktion mit dem Schalter bei Meine Einstellungen speichern pauschal ein- oder ausschalten. Wollen Sie gar nichts synchronisieren, gehört dieser also auf Aus.

3. Alternativ können Sie Roaming prinzipiell zulassen, aber mit den Optionen darunter steuern, was genau synchronisiert werden soll. So können Sie etwa „harmlose" Dinge wie Ihre Spracheinstellungen abgleichen lassen, aber sensiblere Daten wie Kennwörter deaktivieren.

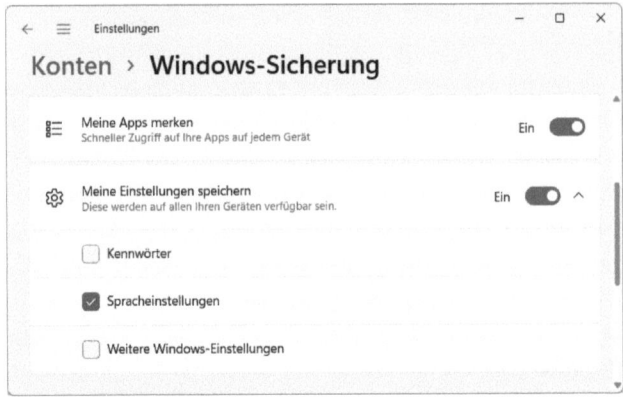

Das Windows Insider-Programm

Viel beigetragen zum schlechten Ruf von Windows in Bezug auf Datenschutz hat das Windows Insider-Programm, durch das jeder Interessierte schon früh Vorabversionen aus der aktuellen Weiterentwicklung von Windows beziehen kann, um diese zu testen, sich zu informieren oder eben neue Funktionen schon frühzeitig nutzen zu können.

Die Teilnahme am Insider-Programm kostet kein Geld, aber sie ist nicht umsonst. Wer mitmachen möchte, bezahlt mit Daten, denn in den Insider-Previews erhebt Microsoft eine Vielzahl von Informationen bis hin zum Inhalt eingetippter Texte. Diese werden an Server des Softwarekonzerns übermittelt und dienen der Überwachung und statistischen Auswertung des Insider-Programms, aber auch dem Nachstellen konkrete Fehlersituationen.

Wer am Insider-Programm teilnehmen möchte, der muss dieser Übermittlung in den Teilnahmebedingungen zustimmen. Und längst nicht alle diese Telemetrie-Funktionen lassen sich abschalten.

Sehr deutlich wird dies in den Windows-Einstellungen bei *Datenschutz und Sicherheit/Diagnose und Feedback*: Beim regulären Windows kann man hier steuern, ob der PC neben den (laut Microsoft) erforderliche Daten zusätzlich auch *Optionale Diagnosedaten senden* darf. Nimmt man hingegen am Insider-Programm teil, muss diese Option eingeschaltet sein. Andernfalls erhält man keine neuen Insider-Versionen mehr und wird „höflich aufgefordert", das Windows-Insider-Programm zu verlassen.

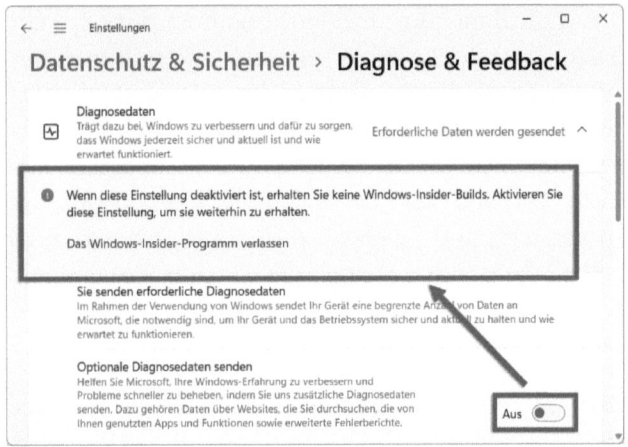

Wer Insider sein will, muss also zwangsläufig die digitalen Hosen runter lassen. Im Extremfall dürfen Microsoft-Mitarbeiter sich ohne Ihre Kenntnis per Remoteverbindung auf Ihren PC „aufschalten", ihn analysieren und sogar Dokumente einsehen. Auch bei den Lizenzbedingungen nimmt Microsoft sich deutlicher mehr Freiheiten als beim regulären Windows heraus.

Das Fazit daraus kann also nur lauten: Wer sich um seine Privatsphäre und den Schutz seiner Daten sorgt, der sollte um das Insider-Programm von Windows einen großen Bogen machen und jeweils auf das Aktualisieren der regulären Windows-Versionen warten. Das heißt allerdings nicht, dass in diesen keinerlei Telemetriefunktionen eingebaut wäre, aber dazu mehr im nachfolgenden Kapitel.

3. Datenschutz-Einstellungen in Windows 11

Was Windows in Bezug auf Datenschutz so problematisch macht, ist weniger, dass sich seine Geschwätzigkeit nicht eindämmen ließe. Es ist vielmehr, dass die dafür zuständigen Einstellungen auf eine Vielzahl von Optionen verteilt sind. Und die finden sich nicht zentral an einem Ort, sondern an verschiedenen Stellen in den Windows-Einstellungen, aber auch in einzelnen Anwendungen. In diesem Kapitel mache ich den Versuch, alle relevanten Funktionen zusammenzustellen, verständlich zu beschreiben und – sofern sinnvoll – auch meine Empfehlung dafür zu geben. Damit der Überblick nicht verloren geht, sind die Beschreibungen nach einem einheitlichen Schema aufgebaut:

[Name der Einstellung]

[Anwendung bzw. App]:
Stelle, an der die Einstellung zu finden ist]

[Erklärung der Einstellung sowie ggf. der wählbaren Optionen
...]

[Standardeinstellung „ab Werk"]

[Empfehlung]

Steht bei Empfehlung *Keine,* so bedeutet dies in der Regel, dass das Deaktivieren einer Einstellung zugleich auch die zugrundeliegende Funktion abschaltet. In solchen Fällen ist es einfach eine Ermessensfrage, ob Ihnen diese Funktion wichtig genug ist, um dafür Ihre Daten mit Microsoft zu teilen.

Allgemeine Datenschutzoptionen

Die Kategorie *Datenschutz und Sicherheit* in den Windows-Einstellungen macht nur einen Teil der datenschutz-relevanten Optionen aus. Trotzdem ist es sinnvoll, die Reise in die Tiefen der Windows-Einstellungen an dieser Stelle mit einem paar grundlegenden Einstellungen in der Rubrik *Allgemein* zu beginnen.

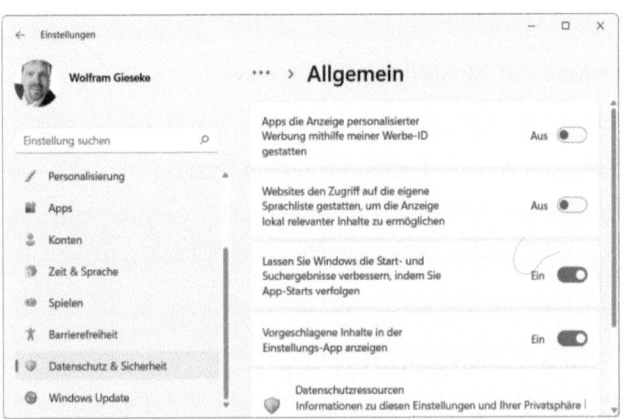

Apps die Anzeige personalisierter Werbung mithilfe meiner Werbe-ID gestatten

Windows-Einstellungen:
Datenschutz und Sicherheit/Allgemein

Eine Werbe-ID ermöglicht es, Anzeigen in Apps auf Ihre persönlichen Interessen zuzuschneiden. Manche empfinden das sogar als Vorteil, andere nicht. In jedem Fall kann diese Option ohne nennenswerte Nachteile ausgeschaltet werden.

Standard: *Ein* – Empfehlung: *Aus*

Websites den Zugriff auf die eigene Sprachliste gestatten, um die Anzeige lokal relevanter Inhalte zu ermöglichen

Windows-Einstellungen:
Datenschutz und Sicherheit/Allgemein

Wenn eine Website weiß, welche Sprache ein Besucher bevorzugt, kann sie sich ggf. automatisch in der passenden Sprache präsentieren. Ist diese Option an, darf jede Webseite Informationen über Ihre bevorzugte(n) Sprache(n) abrufen und auswerten.

In der Praxis wird dies selten umgesetzt und ist nicht wirklich notwendig, da man in der Regel auch manuell die gewünschte Sprache wählen kann. Insofern sollte man diese Information schützen.

Standard: *Ein* – Empfehlung: *Aus*

Lassen Sie Windows Start- und Suchergebnisse verbessern, indem Sie App-Starts verfolgen

Windows-Einstellungen:
Datenschutz und Sicherheit/Allgemein

Hiermit erfasst Windows, wann Sie welche Apps verwenden. Dadurch können oft genutzte Apps im Hintergrund bereitgestellt werden, so dass sie schneller verfügbar sind. Ob dieser Komfortgewinn es wert ist, dass Microsoft ganz genau weiß, was Sie wann mit Ihrem PC machen, dass sollte jeder für sich selbst ausprobieren und entscheiden.

Standard: *Ein* – Empfehlung: *Aus*

Vorgeschlagene Inhalte in der Einstellungs-App anzeigen

Windows-Einstellungen:
Datenschutz und Sicherheit/Allgemein

Windows kann für alle Einstellungen Vorschläge machen, die an verschiedenen Stellen präsentiert werden – beispielsweise als Hinweis im Infobereich. Das ist kein Datenschutzproblem, aber einfach lästig. Problematisch wird es, wenn Sie den PC mit anderen teilen, die dazu neigen, solche Vorschläge von Windows mal eben abzunicken. Dann ist es sinnvoll, solche Vorschläge gar nicht erst machen zu lassen. (oder gleich mit eingeschränkten Konten zu arbeiten.)

Standard: *Ein* – Empfehlung: *Aus*

Spracherkennung und Eingabemethoden

Neben klassischer Steuerung per Maus und Tastatur bzw. Touchscreen) bietet Windows auch Funktionen zur Erkennung von Sprache sowie Freihandeingaben. Diese können von einer zusätzlichen Online-Analyse und -Auswertung profitieren. Allerdings müssten Sie dafür Ihre Inhalte Microsoft überlassen. Die Einstellungen dafür finden Sie in den Abschnitten *Spracherkennung* sowie *Freihand- und Eingabeanpassung*.

Online-Spracherkennung

Windows-Einstellungen:
Datenschutz und Sicherheit/Spracherkennung

Wenn Sie mit Cortana und anderen Apps sprechen, übermittelt Microsoft diese Daten an seine Server und lässt sie dort online auswerten. Wenn Sie das nicht möchten, sollten Sie die Online-Spracherkennung deaktivieren. Windows beschränkt sich dann auf lokale Funktionen. Cortana und andere Apps, die für die Spracherkennung auf Cloud-Funktionen angewiesen sind, lassen sich dann allerdings nicht mehr per Sprache bedienen.

Standard: *Ein* – Empfehlung: *Aus*

Falls Sie die Online-Spracherkennung aktivieren, werden unterhalb dieser Option weitere Einstellungen angezeigt. Hier können Sie beispielsweise mit *Damit beginnen, meine Sprachclips zur Verfügung zu stellen* Microsoft das Recht einräumen, aufgezeichnete Sprachclips von Ihnen sowohl selbst auszuwerten als auch Dritten („Lieferanten") zur Verfügung zu stellen. Ich gehe aber davon aus, dass kein Leser dieses Buchs diese Möglichkeit ernsthaft in Erwägung zieht.

Benutzerdefiniertes Freihand- und Eingabewörterbuch

Windows-Einstellungen: *Datenschutz und Sicherheit/ Freihand- und Eingabeanpassung*

Um das automatische Vervollständigen von Eingaben und das Erkennen von Handschrift zu optimieren, legt Windows ein individuelles Wörterbuch mit Ihren Eingaben an. An sich eine gute Idee, allerdings werden diese Daten ggf. mit Ihren anderen Windows-Geräte synchronisiert. Können dadurch andere Personen Rückschlüsse auf Ihre Eingaben ziehen, sollten Sie diese Funktion ausschalten. Mit dem Link *Benutzerwörterbuch anzeigen* können Sie den Inhalt des Wörterbuchs jederzeit einsehen und löschen.

Standard: *Ein* – Empfehlung: *Aus*

Sollten Sie das persönliche Wörterbuch aktiviert haben, können Sie mit dem Eintrag *Benutzerwörterbuch* Einblick in die dort hinterlegten Einträge nehmen und diese Löschen.

Diagnose und Feedback

Microsoft möchte möglichst viel über seine Nutzer und das, was sie tun, wissen. Dazu werden ständig unmerklich und vollautomatisch Diagnosedaten von Ihrem Windows-Gerät erhoben und online an die Windows-Entwickler übermittelt. In der Rubrik *Diagnose & Feedback* können Sie sich diesem Datenstrom aber zumindest zum größten Teil entgegen stemmen.

Optionale Diagnosedaten senden

Windows-Einstellungen:
Datenschutz und Sicherheit/Diagnose und Feedback

Windows erfasst ständig Daten über sich selbst und seine Tätigkeit, etwa welche Hardware im PC verbaut ist, welche Treiberversionen installiert sind, welche Anwendungen wann und wie oft ausgeführt werden usw. Das ist aus Sicht der Windows-Entwickler hilfreich, da sie so erfahren, was ihre Kunden mit Windows machen, welche Anwendungen wie häufig eingesetzt werden, welche Hardware verwendet wird, wo Probleme auftauchen usw. Aus Sicht der Anwender sieht dies anders aus, denn dass genau erfasst wird, wer wann was mit seinem Windows-PC tut, hinterlässt kein gutes Gefühl. Welche Daten diese Diagnose genau erfasst, lässt sich hier steuern.

Standardmäßig sind Art und Umfang der erhobenen Diagnosedaten begrenzt. Sie umfassen Informationen zum Gerät selbst, gewählten Einstellungen, genutzten Funktionen und ggf. aufgetretenen Störungen wie etwa Abstürzen von Programmen oder Windows selbst. Wenn Sie zusätzlich das Senden optionaler Daten aktivieren, kommt weitere Information hinzu, etwa über:

▶ besuchten Websites,

▶ Geräteaktivitäten,

▶ Benutzeraktionen,

▶ Akkustand,

▶ ausführlichere Fehlerberichte,

▶ Absturzabbilder, die ggf. persönliche Informationen enthalten können.

Standard: *Ein* – Empfehlung: *Aus*

Freihand- und Eingabe verbessern

Windows-Einstellungen:
Datenschutz und Sicherheit/Diagnose und Feedback

Ist diese Option eingeschaltet, übermittelt Windows alle Ihre Eingaben in die Cloud, damit Microsoft seine Funktionen für Vorschläge und Korrekturen weiterentwickeln kann

Standard: abhängig von der Einstellung der Diagnosedaten – Empfehlung: *Aus*

Individuelle Benutzererfahrung

Windows-Einstellungen:
Datenschutz und Sicherheit/Diagnose und Feedback

Ist diese Einstellung eingeschaltet, verspricht Microsoft, individueller an den Benutzer angepasste Tipps und Hinweise zu geben. Es werden deswegen keine zusätzlichen Daten erhoben, nur die ohnehin ermittelten Daten noch intensiver ausgewertet. Insofern kann man sich überlegen, ob man an solchen individuellen Empfehlungen interessiert ist.

Standard: *Ein* – Empfehlung: *Aus*

Diagnosedaten anzeigen

Windows-Einstellungen:
Datenschutz und Sicherheit/Diagnose & Feedback

Um die neue Diagnosedatenanzeige nutzen zu können, muss diese Einstellung zumindest vorübergehend aktiviert werden. Auf Dauer sollte sie aber abgeschaltet bleiben, um den Speicherplatz der Diagnosedaten freizugeben. Beachten Sie dazu auf darunter die Schaltfläche, mit der Sie Ihre *Diagnosedaten öffnen* können.

Standard: *Ein* – Empfehlung: nach Bedarf

Diagnosedaten löschen

Windows-Einstellungen:
Datenschutz und Sicherheit/Diagnose und Feedback

In diesem Abschnitt finden Sie eine *Löschen*-Schaltfläche, mit der Sie alle Diagnosedaten, die Microsoft in seinen Systemen zu diesem Gerät gesammelt hat, löschen lassen können.

Empfehlung: Bei aktiver Diagnose regelmäßig nutzen

Feedbackhäufigkeit

Windows-Einstellungen:
Datenschutz und Sicherheit/Diagnose und Feedback

Gerne fragt Windows den Anwender nach seiner Meinung zu bestimmten Aspekten wie beispielsweise neuen Funktionen oder dem Auftreten bestimmter Probleme. Die Antworten werden selbstverständlich an Microsoft übermittelt und ausgewertet. Allerdings kann man solche Fragen einfach ignorieren. Dann ist es aber sinnvoller, sie von vorneherein ganz zu unterbinden, in dem man hier die Einstellung *Nie* wählt.

Standard: *Automatisch* – Empfehlung: *Nie*

Übertragen von Telemetrie ganz blockieren

Obwohl Microsoft bei einzelnen Windows-Editionen wie etwa Enterprise oder Student eine weitere Feedback-Stufe mit noch weniger Daten erlaubt, stellt sich der Software-Riese nicht ganz uneigennützig auf den Standpunkt, dass es ganz ohne Diagnosedaten nun mal nicht ginge.

Dass das so nicht ganz stimmt, zeigt eine Untersuchung des Bundesamtes für Sicherheit in der Informationstechnik (BSI). Die haben das Erheben und Übermitteln von Diagnosedaten bei Windows näher unter die Lupe genommen und dabei einen Windows-Dienst als zuständig Instanz für das Übermitteln der Daten an Microsoft ausgemacht. Tests haben gezeigt, dass man diesen Dienst wohl deaktivieren kann, ohne Nachteile befürchten zu müssen. Es wirkt sich beispielweise nicht nachteilig auf den Empfang von Windows Updates oder das Nutzen anderer Windows-Dienste aus.

1. Klicken Sie mit der rechten Maustaste auf das Windows-Symbol der Taskleiste (oder drücken Sie **[Win] + [x]**).

2. Wählen Sie im Menü den Punkt *Computerverwaltung*.

3. Öffnen Sie in der Navigationsleiste am linken Rand *Dienste und Anwendungen/Dienste*.

4. Suchen Sie in der Liste der Dienste den Eintrag *Benutzererfahrung und Telemetrie im verbundenen Modus* und doppelklicken Sie darauf.

5. Klicken Sie im anschließenden Dialog auf die *Beenden*-Schaltfläche, um den Dienst zu deaktivieren.

6. Wichtig: Wählen Sie außerdem bei *Starttyp* die Option *Deaktiviert*, damit Windows den Dienst auch nicht wieder eigenmächtig reaktivieren kann.

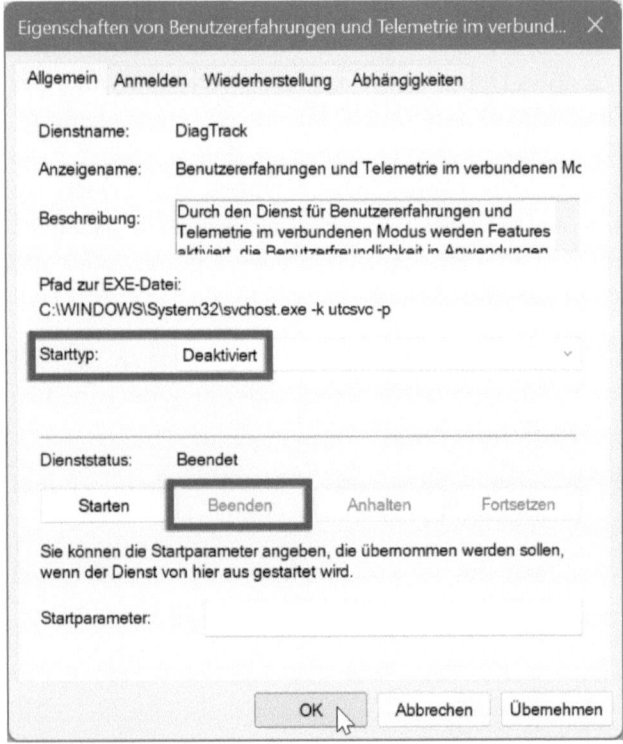

Wichtig: Durch umfangreichere Funktions-Updates kann diese Einstellungen leider immer wieder rückgängig gemacht werden. Deshalb sollten Sie nach einem solchen Update erneut hier vorbeischauen und den Eingriff ggf. wiederholen.

Warnhinweis
Das Deaktivieren dieses Dienstes ist nach derzeitigem Kenntnisstand unproblematisch. Es kann aber nicht ausgeschlossen werden, dass sich in Einzelfällen doch Probleme ergeben oder dass Microsoft darauf reagiert, wenn immer mehr Benutzer diese Methode anwenden. Im Fall von Problemen kann die Änderung aber schnell rückgängig gemacht werden.

Aktivitätsverlauf

Den bei der Vorgängerversion eingeführten Aktivitätsverlauf („Timeline") hat Microsoft bei der aktuellen Windows-Version wieder entfernt. Trotzdem finden sich in den Datenschutzeinstellungen unter *Datenschutz und Sicherheit/Aktivitätsverlauf* noch Optionen dafür, da einige Apps wie etwa OneDrive oder Microsoft365 diese Funktion weiterhin unterstützen.

Meinen Aktivitätsverlauf auf diesem Gerät speichern

Windows-Einstellungen:
Datenschutz und Sicherheit/ Aktivitätsverlauf

Diese Einstellung steuert, ob Aktivitäten, die Sie auf diesem Gerät ausüben, in den Aktivitätsverlauf aufgenommen werden sollen. Sie können den

Aktivitätsverlauf unabhängig davon nutzen. Aber wenn diese Option ausschalten, werden in der Timeline nur Aktivitäten anderer Geräten angezeigt.

Standard: Ein – Empfehlung: Aus

Aktivitätsverlauf für dieses Konto löschen

Windows-Einstellungen:
Datenschutz und Sicherheit/Aktivitätsverlauf

Mit der Schaltfläche *Löschen* können Sie hier ggf. Verlaufsdaten löschen, die für Ihr Microsoft-Konto hinterlegt wurden. Alternativ gelangen Sie mit dem Link Aktivitätsdaten zu meinem Microsoft-Konto verwalten direkt zum Datenschutz-Dashboard Ihres Kontos (siehe Seite 21).

Empfehlung: Nach dem Wechsel zu einem lokalen Konto unbedingt einmalig durchführen, ansonsten nach Bedarf.

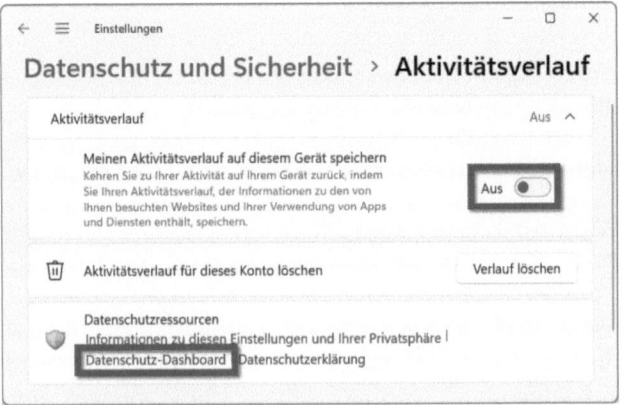

Windows-Suche nur in lokalen Inhalten

Die Windows-Suche, die Sie beispielsweise im Startmenü oder im Datei-Explorer nutzen können, beschränkt sich von Hause aus nicht auf lokale Inhalte wie Dateien und Apps. Stattdessen versucht sie ständig, auch Online-Inhalte zu berücksichtigen. Das kann man als Komfortfunktion schätzen, etwa wenn man direkt aus dem Startmenü heraus eine Websuche ausführen kann. Die Kehrseite der Medaille aber ist, dass dafür jede Suchabfrage per Internet an die Server von Bing, OneDrive usw. weitergeleitet wird. Auch wenn Sie nur nach einem bestimmten Dokument auf dem PC suchen, erfährt Microsoft also ganz genau wann und was Sie suchen.

Cloudinhalte durchsuchen

Windows-Einstellungen:
Datenschutz und Sicherheit/ Suchberechtigungen

Diese Option steuert, ob die Windows-Suche die von Ihnen eingegebenen Suchbegriffe an Onlinedienste wie weitergibt, die mit Ihrem Benutzerkonto verknüpft sind. Die Einstellung wird jeweils getrennt für Microsoft-Konten und für spezielle Geschäfts-, Schul- und Unikonten vorgenommen. Setzen Sie im Zweifelsfall beide Schalter entsprechend.

Standard: Ein – Empfehlung: Aus

Verlauf

Windows-Einstellungen:
Datenschutz und Sicherheit/ Suchberechtigungen

Windows kann Daten zu Ihrem Suchverlauf lokal speichern. Wenn Sie beispielsweise bereits einmal nach einer bestimmten App gesucht haben, wird diese dann bei einer erneuten Suche schneller bzw. weiter oben in der Trefferliste angezeigt. Da diese Funktion rein lokal arbeitet, spricht aus Datenschutz-Sicht nicht viel dagegen. Nur wenn Sie den PC (und das Konto) mit anderen teilen, können diese ggf. nachvollziehen, wonach Sie in der Vergangenheit gesucht haben.

Mit der Schaltfläche *Suchverlauf auf dem Gerät löschen* direkt darunter können Sie die aufgezeichneten Verlaufsdaten jederzeit sofort löschen.

Standard: Ein – Empfehlung: Keine

Die Einstellungen bei *Windows durchsuchen*
Unterhalb der *Suchberechtigungen* gibt es in den Datenschutzeinstellungen den inhaltlich verwandten Bereich *Windows durchsuchen*. Deshalb haben die Entwicklern ihn wohl auch hierhin gesteckt. Damit lässt sich das Verhalten der Windows-Suche und des dahinter stehenden Indizierungsdienstes sehr genau steuern. Aber mit Datenschutz hat das eigentlich nichts zu tun. Es gibt jedenfalls keine Hinweise darauf, dass die vom Suchindex erfassten Daten online übermittelt und ausgewertet werden.

Die Web-Suche im Startmenü deaktivieren

Wenn Sie die vorangehend beschriebene Einstellungen deaktiviert haben, werden Sie feststellen, dass Suchen im Startmenü weiterhin immer auch online durchgeführt werden. Selbst wenn man nur lokal nach einer Datei sucht, wird dies also an die Microsoft-Server übermittelt. Leider bietet Windows keine einfache Einstellung, dies ebenfalls zu unterbinden. Allerdings gibt einen Weg, diese Lücke mit Hilfe des Registry-Editors zu schließen:

1. Starten Sie den Registry-Editor und navigieren Sie damit zum Schlüssel *HKEY_CURRENT_USER\ SOFTWARE\ Policies\ Microsoft\ Windows.*

2. Legen Sie darin einen Unterschlüssel namens *Explorer* an, sofern diese nicht bereits vorhanden ist.

3. Erstellen Sie dann innerhalb dieses neuen Unterschlüssels einen *DWORD-Wert (32-Bit).*

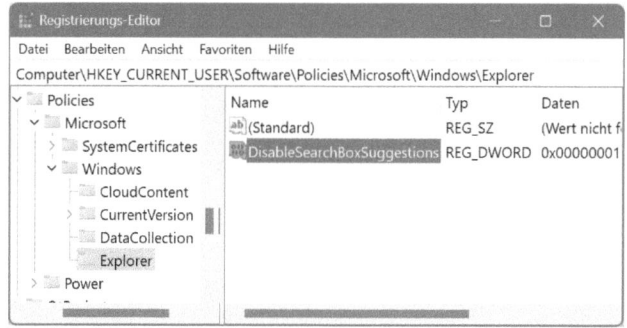

4. Geben Sie für diesen als Wertnamen *DisableSearchBoxSuggestions* an. Legen Sie den Wert als *1* fest.

5. Melden Sie sich nun einmal von Windows ab und wieder an, damit diese Änderung in Kraft tritt.

Wenn Sie nun Suchbegriffe in der Taskleiste eingeben, versucht Windows weiterhin, Webergebnisse dazu zu beschaffen. Das scheitert aber und die Suche meldet allenfalls *Keine Ergebnisse gefunden für...*

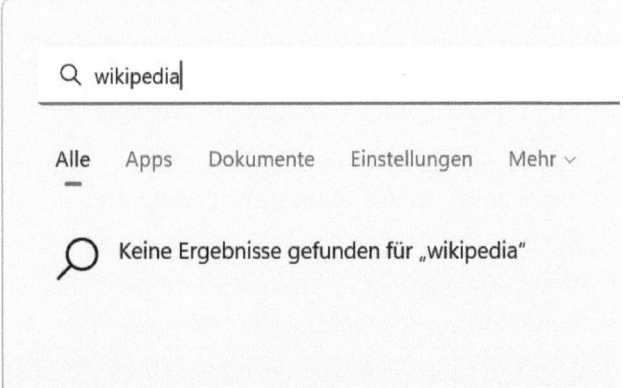

Standort-Einstellungen

Windows kann aus verschiedenen Quellen Informationen über den aktuellen Standort Ihres PCs beziehen. Selbst wenn kein GPS-Empfänger verbaut ist, können Informationen über verfügbaren WLANs (teilweise recht genau) oder Daten der Interneteinwahl und verwendeten IP-Adresse (eher ungenau) eine Ortsbestimmung ermöglichen. Diese

Angaben werden für ortsbezogene Dienste verwendet, aber auch zur Auswertung an Microsoft oder die Entwickler einzelner Apps übermittelt. Die relevanten Optionen hierzu finden Sie in den Windows-Einstellungen im Bereich *Datenschutz und Sicherheit*. Hier ist im Abschnitt *App-Berechtigungen* ein eigener Eintrag *Standort* vorgesehen.

Ortungsdienste

Windows-Einstellungen:
Datenschutz und Sicherheit/Standort

Diese Einstellung steuert sozusagen die grundlegende Funktion zur Standortermittlung. Ist sie eingeschaltet, kann Windows die Position bestimmen und dazu ggf. auf vorhandene Hardware wie einen GPS-Empfänger zugreifen. Schalten Sie diese Einstellung aus, wird die Standorterkennung deaktiviert und weder Windows selbst noch zusätzliche Apps können auf Standortdaten zugreifen.

Ob man das möchte, hängt von den individuellen Ansprüchen ab. Ist man mit einem Notebook oder Tablet unterwegs und möchte standortbasierte Dienste nutzen oder sich navigieren lassen, muss diese Option eingeschaltet sein. Auf einem stationären PC hingegen wird man solche Funktionen eher weniger benötigen.

Standard: *Ein* – Empfehlung: Keine

Apps den Zugriff auf Ihren Standort erlauben

Windows-Einstellungen:
Datenschutz und Sicherheit/Standort

Diese Option steuert, ob Apps auf die Standortdaten zugreifen dürfen. Ist sie eingeschaltet, können Sie darunter in der Liste der Apps festlegen, welchen davon dies erlaubt sein soll und welchen nicht.

Standard: *Ein* – Empfehlung: Keine

Direkt unterhalb dieser Option finden Sie eine Liste aller Apps, die auf diesem Rechner bislang Standortinformationen angefordert haben. Sie können für jede App festlegen, ob diese auch weiterhin auf Standortdaten zugreifen darf.

Standard: *Ein* – Empfehlung: nur bei gewünschten Apps *Ein*

Unterhalb der Apps finden Sie den Eintrag *Zulassen, dass Desktop-Apps auf Ihren Standort zugreifen*. Da sich dieses Zugriffsrecht für klassische Desktop-Anwendungen nicht wie bei Apps individuell steuern lässt, können Sie es nur pauschal für alle Desktop-Programme kontrollieren. Unterhalb des Eintrags werden aber die Anwendungen aufgeführt, die von diesem Zugriffsrecht bislang Gebrauch gemacht haben.

Standard: *Ein* – Empfehlung: Keine

Standardstandort

Windows-Einstellungen:
Datenschutz und Sicherheit/Standort

Wenn die Positionsermittlung nicht erlaubt (oder möglich) ist, kann Windows stattdessen eine Standardposition verwenden, die Sie hier mit Hilfe einer Karte selbst festlegen können. Wenn Sie hier einen x-beliebigen Standort angeben, können Apps diese Information nutzen, ohne dass Sie jeweils Ihren tatsächlichen Standort preisgeben.

Empfehlung: Keine

Standortverlauf

Windows-Einstellungen:
Datenschutz und Sicherheit/Standort

Im Positionsverlauf bewahrt Windows ermittelte Standortdaten ca. 24 Stunden lang auf. Apps können so nicht nur erfahren, wo Sie sich gerade aufhalten, sondern auch, wo Sie in der Zeit zuvor gewesen sind. Diese Funktion lässt sich nicht pauschal deaktivieren. Aber Sie können den Verlauf jederzeit *Löschen*. Ebenso wird er gelöscht, wenn der Rechner neu gestartet wird. Außerdem können Sie einzelnen Apps den Zugriff auf den Standortverlauf entziehen.

Standard: n.a. – Empfehlung: *Löschen*

Außerkraftsetzung zulassen

Windows-Einstellungen:
Datenschutz und Sicherheit/Standort

Mit dieser zusätzlichen Einstellung können Sie steuern, ob Apps für den Remotezugriff – unabhängig von den sonstigen Standorteinstellungen, den Standort des Gerätes festlegen dürfen. Wenn Anwender aus der Ferne per Remotedesktop auf einem Rechner arbeiten, kann es sinnvoll sein, dass dessen Standortdaten vorübergehend auf den tatsächlichen Aufenthaltsort des Benutzers geändert werden, damit dieser standortbasierte Dienste effektiv nutzen kann. Unter Aspekten des Datenschutzes ist diese Einstellung kaum relevant. Aber solange dieses Anwendungsszenario für Sie nicht relevant ist, sollte die Option eher ausgeschaltet sein.

Standard: *Ein* – Empfehlung: *Aus*

Kamera

Ein weiterer datenschutz-relevanter Bereich ist der Zugriff auf Hardwarekomponenten wie Kamera, Mikrofon oder auch Kommunikationstechnik wie NFC. Diese sind auf verschiedene Untergruppen in der Rubrik *Datenschutz* der Einstellungen verteilt. Für die Kamera-Einstellungen beschreibe ich die Bedeutung der Einstellungen an dieser Stelle ausführlich. Die weiteren Einstellungen funktionieren analog dazu. Deshalb werde ich in den nachfolgenden Abschnitten nur den Zweck der jeweiligen Einstellung erklären sowie ggf. auf Abweichungen vom hier beschriebenen Standardschema eingehen.

Kamerazugriff

Windows-Einstellungen:
Datenschutz und Sicherheit/Kamera

Diese Einstellungen gibt Ihnen die Möglichkeit, den Zugriff auf die Kamera grundsätzlich systemweit zu unterbinden. Das gibt Ihnen die Sicherheit, dass weder Windows selbst noch Apps oder Desktop-Anwendungen auf die Kamera zugreifen. Wenn Sie mit der ganz obersten Option die Kamera (oder einen der anderen Zugriffe in den nachfolgenden Abschnitten) deaktivieren, können Sie sicher sein, dass auch andere Benutzer (ohne Administratorrechte) diese Funktion nicht für sich oder für einzelne Apps wieder aktivieren können.

Standard: *Ein* – Empfehlung: *Ein*

Apps den Zugriff auf Ihre Kamera erlauben

Windows-Einstellungen:
Datenschutz und Sicherheit/Kamera

Diese Einstellung legt fest, ob Apps die Kamera(s) Ihres PCs verwenden dürfen. Social-Media-Apps können häufig aus der App heraus Bilder aufnehmen und mit anderen teilen. Auch Apps zur Bildbearbeitung verfügen oftmals über eine eigene Aufnahmefunktion. Dies birgt immer die Gefahr, dass Apps ganz eigenständig Aufnahmen machen, ohne dass Sie dies bemerken. Falls Sie die Kamera Ihres Geräts nicht nutzen möchten, sollten Sie diese Einstellung abschalten. Sonst ist es besser, die Funktion aktiv zu lassen und zu kontrollieren, welchen Apps Sie Zugriff erlauben möchten.

Standard: *Ein* – Empfehlung: *Ein*

Unterhalb dieser Option finden Sie eine Liste der installierten Apps, die Zugriff auf die Kamera nehmen können. Für jede App können Sie diesen Zugriff ein- oder ausschalten. Der Eintrag *Zulassen, dass Desktop-Apps auf die Kamera zugreifen* steuert dieses Zugriffsrecht pauschal für alle klassischen Desktops-Anwendungen, da bei diesen keine individuelle Rechtezuteilung vorgesehen ist. Darunter sehen Sie aber zumindest eine Liste aller Desktop-Anwendungen, die von diesem Recht bislang Gebrauch gemacht haben.

Standard: *Ein* – Empfehlung: bei einzelnen Apps *Ein*

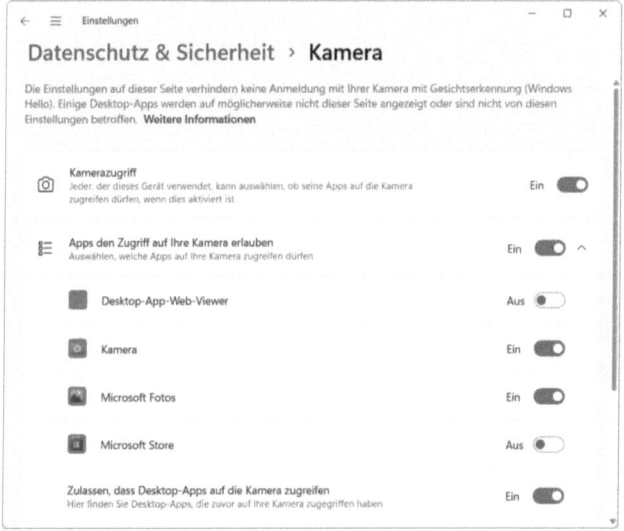

Im Abschnitt *Verwandte Einstellungen* finden Sie Verknüpfungen mit anderen Einstellungen rund um die Kamera-Funktion Ihres PCs. Diese sind reine Abkürzungen und haben mit Datenschutzaspekten nichts zu tun.

Mikrofon

Das grundlegende Schema für diese Einstellungen ist im Abschnitt *Kamera* beschrieben (siehe Seite 55), deshalb hier nur das Wesentliche bzw. Abweichende.

Mikrofonzugriff

Windows-Einstellungen:
Datenschutz und Sicherheit/Mikrofon

Diese Einstellungen gibt Ihnen die Möglichkeit, den Zugriff auf das Mikrofon grundsätzlich systemweit zu unterbinden. Das gibt Ihnen die Sicherheit, dass beispielsweise weder Windows selbst noch Apps oder Desktop-Anwendungen auf Ihr Mikrofon zugreifen können. Und zugleich kann kein Benutzer (ohne Administratorrechte) diese Einstellung individuell für sich ändern.

Standard: *Ein* – Empfehlung: Den Zugriff mit *Ein* grundsätzlich zulassen und über die Liste darunter steuern, welche Apps dies konkret dürfen.

Stimmaktivierung

Unter Stimmaktivierung versteht man, dass sich bestimmte Funktionen jederzeit durch gesprochene Befehle, die von einem eingebauten Mikrofon erfasst werden, auslösen lassen. Dies erfordert allerdings, dass das Mikrofon ständig „mithört", da ja jederzeit ein Aktivierungsbefehl ausgesprochen werden könnte. Eine etwas weniger problematische Variante wäre es, wenn erst am Geräte eine bestimmte Taste gedrückt werden müsste, die das Mikrofon aktiviert, bevor man einen Befehl ausspricht.

Hinweis: Die nachfolgenden Optionen sind nur dann aktiv, wenn der Zugriff auf das Mikrofon grundsätzlich erlaubt ist (siehe vorangehender Abschnitt).

Apps den Zugriff auf Sprachaktivierungsdienste erlauben

Windows-Einstellungen:
Datenschutz und Sicherheit/Stimmaktivierung

Mit dieser Option steuern Sie, ob Apps auf die Funktion der Stimmaktivierung zugreifen dürfen. Wenn Sie diese Option ausschalten, brauchen Sie sich also keine Gedanken zu machen, ob eine App Ihnen beständig im Hintergrund „heimlich zuhört".

Standard: *Ein* – Empfehlung: *Aus*

Apps die Stimmaktivierung erlauben, wenn das Gerät gesperrt ist

Windows-Einstellungen:
Datenschutz und Sicherheit/Stimmaktivierung

Windows unterstützt zusätzlich die Funktion, Befehle zur Stimmaktivierung auch entgegenzunehmen, wenn das Gerät zwar läuft, aber der Zugang zur Benutzeroberfläche gerade gesperrt ist. Das kann ein

Komfortgewinn sein, wenn man diese Funktion nutzen will. Es ist aber auch ein Sicherheitsrisiko, da bei der Spracherkennung nicht nach Personen unterschieden wird. Es kann also im Prinzip jeder Sprachbefehle erteilen, selbst wenn der nicht über die Zugangsdaten zum gesperrten Rechner verfügt. Dies kann auch Datenschutz-Problem sein, wenn man sich etwa per Sprachbefehl die neuesten E-Mails vorlesen lassen kann usw.

Standard: *Ein* – Empfehlung: *Aus*

Benachrichtigungen

Das grundlegende Schema für diese Einstellungen ist im Abschnitt *Kamera* beschrieben (siehe Seite 55), deshalb hier nur das Wesentliche bzw. Abweichende.

In diesem Abschnitt geht es um die Benachrichtigungen, die Windows, aber auch Apps und Anwendungen, dem Benutzer über das Symbol ganz rechts in der Taskleiste bzw. den dazu geöffneten Benachrichtigungsbereich zukommen lassen können. Den Inhalt solcher Nachrichten kann Windows auch anderen Apps zukommen lassen, so dass diese ggf. auf bestimmte Arten von Benachrichtigungen reagieren können.

Zugriff auf Benachrichtigungen

Windows-Einstellungen:
Datenschutz und Sicherheit/Benachrichtigungen

Diese Einstellung ist vor allem bei Geräten mit mehr als einem Benutzer interessant. Sie steuert, ob die einzelnen Benutzer einstellen dürfen, welche Apps Zugriffe auf ihre Benachrichtigungen haben sollen. Ist die Option ausgeschaltet, können weder Windows noch Apps auf Benachrichtigungen zugreifen. Hinweis: Trotzdem werden dem Benutzer Benachrichtigungen selbstverständlich weiterhin angezeigt.

Standard: *Ein* – Empfehlung: *Aus,* alternativ *Ein* grundsätzlich zulassen und über die Liste darunter den Zugriff auf einzelne gewünschte Apps begrenzen

Kontoinformationen

Das grundlegende Schema für diese Einstellungen ist im Abschnitt *Kamera* beschrieben (siehe Seite 55), deshalb hier nur das Wesentliche bzw. Abweichende.

Der Begriff *Kontoinformationen* bezieht sich auf Ihr Benutzerkonto, also entweder ein Microsoft-Konto oder ein lokales Konto. Insbesondere Ihr Microsoft-Konto kann neben Benutzername und Kennwort weitere Informationen wie Name, Adresse, Geburtsdatum usw. umfassen. Aber auch ein lokales Konto kann mit weiteren Informationen und beispielsweise einem Benutzerbild ergänzt sein.

Zugriff auf Kontoinformationen

Windows-Einstellungen:
Datenschutz und Sicherheit/Kontoinformationen

Diese Einstellungen gibt Ihnen die Möglichkeit, Zugriff auf Informationen zu Ihrem Konto grundsätzlich zu unterbinden. Das gibt Ihnen die Sicherheit, dass beispielsweise weder Windows selbst noch Apps oder Desktop-Anwendungen darauf zugreifen können. Und zugleich kann kein Benutzer (ohne Administratorrechte) diese Einstellung individuell für sich ändern.

Standard: *Ein* – Empfehlung: *Aus,* alternativ *Ein* grundsätzlich zulassen und über die Liste darunter den Zugriff auf einzelne gewünschte Apps begrenzen

Kontakte

Das grundlegende Schema für diese Einstellungen ist im Abschnitt *Kamera* beschrieben (siehe Seite 55), deshalb hier nur das Wesentliche bzw. Abweichende.

Unter *Kontakte* sind alle Kontaktinformationen zu verstehen, die Sie in Apps wie Mail, Kontakte und Kalender hinterlegen. Erweitert umfasst diese aber auch weitere Microsoft-Anwendungen wie Teams, die mit einem Microsoft-Konto verknüpft sind, da darüber ein Austausch von Kontakten zwischen Apps erfolgen kann.

Keine Auswirkungen hat dies auf Kontaktinformationen, die Sie in Apps oder Anwendungen anderer Entwickler wie etwa separaten E-Mail-Anwendungen hinterlegen, die auch nicht mit einem Microsoft-Konto verknüpft sind. Wenn Sie also beispielsweise Ihre Kontakte mit einem Programm eines anderen Herstellers pflegen, können Sie diese Einstellungen im Grunde genommen ignorieren.

Zugriff auf Kontakte

Windows-Einstellungen:
Datenschutz und Sicherheit/Kontakte

Diese Einstellungen gibt Ihnen die Möglichkeit, den Zugriff auf Ihre Kontakte grundsätzlich systemweit zu unterbinden. Das gibt Ihnen die Sicherheit, dass beispielsweise weder Windows selbst noch Apps oder Desktop-Anwendungen darauf zugreifen können. Und zugleich kann kein Benutzer (ohne Administratorrechte) diese Einstellung individuell für sich ändern.

Standard: *Ein* – Empfehlung: *Aus,* alternativ *Ein* grundsätzlich zulassen und über die Liste darunter den Zugriff auf einzelne gewünschte Apps begrenzen

Kalender

Das grundlegende Schema für diese Einstellungen ist im Abschnitt *Kamera* beschrieben (siehe Seite 55), deshalb hier nur das Wesentliche bzw. Abweichende.

Windows bringt eine eigene Kalenderfunktion mit, die in die Mail-App integriert ist. Aber auch andere Microsoft-Anwendungen wie Teams oder Outlook können auf den Windows-eigenen Kalender zugreifen. Verwenden Sie hingegen eine Kalenderanwendung eines anderen Herstellers, können Sie diese Einstellungen im Grunde genommen ignorieren.

Zugriff auf Kalender

Windows-Einstellungen:
Datenschutz und Sicherheit/Kalender

Diese Einstellungen gibt Ihnen die Möglichkeit, den Zugriff auf Ihren Kalender grundsätzlich zu unterbinden. Das gibt Ihnen die Sicherheit, dass weder Windows noch Apps oder Desktop-Anwendungen darauf Zugriff haben. Und zugleich kann kein Benutzer (ohne Administratorrechte) diese Einstellung individuell für sich ändern.

Standard: *Ein* – Empfehlung: *Aus,* alternativ *Ein* grundsätzlich zulassen und über die Liste darunter den Zugriff auf einzelne gewünschte Apps begrenzen

Telefonanrufe

Das grundlegende Schema für diese Einstellungen ist im Abschnitt *Kamera* beschrieben (siehe Seite 55), deshalb hier nur das Wesentliche bzw. Abweichende.

Zugriff auf Telefonanrufe

Windows-Einstellungen: *Datenschutz und Sicherheit/ Telefonanrufe*

Entsprechende Hard- und Software (Headset und VoIP-App) vorausgesetzt, können Sie mit Windows telefonieren. In den Abschnitten Telefonanrufe (und dem direkt darauf folgenden Anrufliste) steuern Sie, welche Apps Zugriffe auf ein- und ausgehende Telefonverbindungen haben dürfen. Sofern Sie Ihren PC für diesen Zweck nicht nutzen, sollten Sie diese Funktionen vorsichtshalber ganz deaktivieren. Andernfalls sollte der Zugriff auf die App(s) begrenzt werden, die Sie selbst für diesen Zweck nutzen.

Standard: *Ein* – Empfehlung: *Aus,* alternativ *Ein* grundsätzlich zulassen und über die Liste darunter den Zugriff auf einzelne gewünschte Apps begrenzen

Zugriff auf Anrufliste

Windows-Einstellungen: *Datenschutz und Sicherheit/ Anrufliste*

Diese Einstellungen gibt Ihnen die Möglichkeit, den Zugriff auf Ihre Anrufliste grundsätzlich systemweit zu unterbinden. Das gibt Ihnen die Sicherheit, dass beispielsweise weder Windows selbst noch Apps oder Desktop-Anwendungen darauf zugreifen können. Und zugleich kann kein Benutzer (ohne

Administratorrechte) diese Einstellung individuell für sich ändern.

Standard: *Ein* – Empfehlung: *Aus*

Apps den Zugriffe auf Ihre Anrufliste erlauben

Windows-Einstellungen: *Datenschutz und Sicherheit/ Anrufliste*

Mit dieser Funktion können Apps Zugriff auf die Liste Ihre durchgeführten und erhaltenen Anrufe erlangen. Wenn Sie mit Ihrem PC ohnehin nicht telefonieren (auch nicht Skypen), ist diese Einstellung belanglos. Ansonsten ist es sinnvoller, die Funktion zu deaktivieren, da die zum Telefonieren verwendeten Apps meist eine eigene Historie führen. Nur wenn Sie zum Telefonieren mehrere Apps im Wechseln nutzen, kann es sinnvoll sein, dies zu erlauben und mit den nachfolgenden Einstellungen auf die verwendeten Apps beschränken.

Standard: *Ein* – Empfehlung: *Aus*

Zugriff auf E-Mail

Windows-Einstellungen: *Datenschutz und Sicherheit/ E-Mail*

Diese Einstellungen gibt Ihnen die Möglichkeit, den Zugriff auf Ihre Mails systemweit zu unterbinden. Das gibt Ihnen die Sicherheit, dass beispielsweise weder Windows noch Apps oder Desktop-Anwendungen darauf Zugriff haben. Und zugleich kann kein Benutzer (ohne Administratorrechte) diese Einstellung individuell für sich ändern.

Standard: *Ein* – Empfehlung: *Aus*

Apps den Zugriff auf Ihre Mails erlauben

Windows-Einstellungen: *Datenschutz und Sicherheit/ E-Mail*

Ist diese Funktion eingeschaltet, dürfen Apps auf Ihre E-Mail Zugriff nehmen und auch selbst E-Mails versenden. Wenn Sie anstelle der Windows-eigene Mail-App eine andere E-Mail-Anwendung nutzen, ist diese Einstellung belanglos. Dann können Sie sie eingeschaltet lassen, damit andere Apps bei Bedarf Mails versenden können. Sie können dann unten steuern, welchen Apps Sie das erlauben möchten.

Standard: *Ein* – Empfehlung: *Aus*, alternativ *Ein* und den Zugriff dann darunter die Apps auswählen, denen das ausdrücklich gestattet sein soll

Zugriff auf Aufgaben

Windows-Einstellungen: *Datenschutz und Sicherheit/ Kontakte*

Mit dieser Einstellung können Sie den Zugriff auf Aufgaben systemweit unterbinden. Das gibt Ihnen die

Sicherheit, dass beispielsweise weder Windows selbst noch Apps oder Desktop-Anwendungen darauf zugreifen können. Und zugleich kann kein Benutzer (ohne Administratorrechte) diese Einstellung individuell für sich ändern.

Standard: *Ein* – Empfehlung: *Aus*

Apps den Zugriff auf Ihre Aufgaben erlauben

Windows-Einstellungen: *Datenschutz und Sicherheit/ Aufgaben*

Wenn Sie diese Funktion einschalten, können Apps Zugriff auf Ihre Aufgaben anfordern. Wenn Sie den Windows-eigenen Kalender nicht nutzen, ist diese Einstellung belanglos. Ansonsten ist es sinnvoller, die Funktion aktiv zu lassen und stattdessen zu steuern, welchen Apps Sie Zugriff auf Ihre Aufgaben erlauben möchten. Darunter werden alle installierten Apps aufgeführt, die Zugriff auf Aufgaben haben bzw. selbst Aufgaben erstellen möchten. Für jede dieser Apps können Sie festlegen, ob Sie das erlauben möchten oder nicht.

Standard: *Ein* – Empfehlung: bei einzelnen Apps *Ein*

Nachrichtenzugriff

Windows-Einstellungen: *Datenschutz und Sicherheit/ Messaging*

Unter Messaging versteht Windows das Lesen und Senden von SMS oder MMS. Deshalb ist diese Funktion nur bei Geräten relevant, die über die entsprechende Hardware (GSM-Modul und SIM-Karte) verfügen.

Diese Einstellungen gibt Ihnen die Möglichkeit, den Zugriff auf Ihre SMS/MMS grundsätzlich systemweit zu unterbinden. Das gibt Ihnen die Sicherheit, dass beispielsweise weder Windows selbst noch Apps oder Desktop-Anwendungen darauf zugreifen können. Und zugleich kann kein Benutzer (ohne Administratorrechte) das individuell für sich ändern.

Standard: *Ein* – Empfehlung: *Aus*

Apps das Lesen von Nachrichten erlauben

Windows-Einstellungen: *Datenschutz und Sicherheit/ Messaging*

Hiermit können Sie den Zugriff von Apps auf diese Funktionen pauschal blockieren. Das empfiehlt sich in jedem Fall, wenn Ihr Rechner dazu zwar in der Lage ist, Sie dies aber nicht nutzen möchten. Die Liste darunter umfasst alle installierten Apps, die SMS- oder MMS-Nachrichten lesen oder schreiben möchten. Es empfiehlt sich dringend, hier alle Apps auszuschalten, mit denen Sie nicht SMS oder MMS lesen und schreiben möchten.

Standard: *Ein* – Empfehlung: bei einzelnen Apps *Ein*

Zugriff auf Funksteuerung

Windows-Einstellungen: *Datenschutz und Sicherheit/ Funktechnik*

Unter Funk sind an dieser Stelle drahtlose Technologien im Nahbereich wie Bluetooth und NFC zu verstehen. Mit dieser Option legen Sie fest, ob Apps auf diesem Gerät solche Technologien grundsätzlich nutzen dürfen. Ist die Option ausgeschaltet, wird dies unterbunden. Andernfalls können Sie weiter unten in der App-Liste genau festlegen, welche App zugreifen darf und welche nicht.

Standard: *Ein* – Empfehlung: *Aus*

Zulassen, dass Apps die Funkfunktionen des Geräts steuern

Windows-Einstellungen: *Datenschutz und Sicherheit/ Funkempfang*

Bluetooth & Co. können nach Bedarf ein- oder ausgeschaltet werden, was üblicherweise dem Nutzer überlassen bleibt. Windows ermöglicht es aber auch Apps, den Bluetooth-Status zu steuern, beispielsweise um mit anderen Geräten Kontakt aufnehmen zu können. Wenn Sie das nicht möchten, können Sie ausschalten. Alternativ lassen Sie die Option aktiviert und kontrollieren mit der Liste darunter, welche Apps dazu berechtigt sind.

Darunter sind alle installierten Apps aufgeführt, die Funktionen zum Steuern des Funkempfangs enthalten. Mit dem Schalter an jedem Eintrag können Sie diese Berechtigung für jede App einzeln zulassen oder ablehnen.

Standard: *Ein* – Empfehlung: bei einzelnen Apps *Ein*

Mit nicht gekoppelten Geräten kommunizieren

Windows-Einstellungen: *Datenschutz und Sicherheit/ Weitere Geräte*

Neben WLAN und Bluetooth können Geräte weitere Drahtlostechnologien verwenden, die keine ausdrückliche Anmeldung erfordern, beispielsweise Near Field Communication (NFC). Wenn Sie diese Technologie nicht einsetzen, sollten Sie diese Funktion grundsätzlich deaktivieren.

Standard: *Ein* – Empfehlung: *Aus*

Apps auswählen, die mit nicht gekoppelten Geräten kommunizieren können

Windows-Einstellungen: *Datenschutz und Sicherheit/ Weitere Geräte*

Hinter diesem Link verbirgt sich eine Liste aller installierten Apps, die Drahtlostechniken verwenden möchten. So können Sie den Einsatz dieser

Technologie auf solche Apps begrenzen, bei denen Sie dies ausdrücklich wünschen.

Standard: *Ein* – Empfehlung: bei einzelnen Apps *Ein*

Vertrauenswürdige Geräte verwenden

Windows-Einstellungen: *Datenschutz und Sicherheit/ Weitere Geräte*

Eine weitere Möglichkeit ist die Liste der vertrauenswürdige Geräte. Hier werden alle entsprechenden Geräte, zu denen schon mal eine Verbindung bestand, aufgeführt. Ggf. werden außerdem die Dienste aufgelistet, die das jeweilige Gerät bereitstellt. So können Sie genau steuern, welche Funktionen bei welchem Gerät erlaubt sind. Dies muss allerdings regelmäßig kontrolliert werden, da die Standardeinstellung für neue Geräte und deren Dienste immer *Ein* ist.

Standard: *Ein* – Empfehlung: *Aus*

Schnüffeleien durch Apps vermeiden

Nicht nur Windows selbst schnüffelt gerne. Auch Apps und deren Entwickler wollen möglichst viel über ihre Nutzer erfahren. Teilweise lässt sich das in den Einstellungen der Apps selbst verhindern, wenn man Glück hat. Aber auch Windows bietet Möglichkeiten, die Neugier von Apps zu bezähmen.

Ausführung von Apps im Hintergrund

Die Optionen für Hintergrund-Apps wurden aus den Datenschutz-Einstellungen entfernt. Stattdessen finden Sie nun bei jeder App selbst (*Apps/Installierte Apps* und dann ••• für die erweiterten Optionen einer App) den Abschnitt *Hintergrund-App-Berechtigungen*. Hier können Sie wählen, ob eine App *Immer* oder *Nie* im Hintergrund ausgeführt werden darf oder ob Windows dies *Energieoptimiert* selbst entscheiden soll. Falls man das Ausführen im Hintergrund pauschal deaktiviert, werden allerdings werden einige Apps nicht mehr oder nur noch teilweise funktionieren. Apps beispielsweise im Bereich Messaging, Nachrichten oder Wetter sind darauf angewiesen, im Hintergrund regelmäßig aktuelle Daten abzurufen.

Zugriff auf App-Diagnose

Windows-Einstellungen: *Datenschutz und Sicherheit/ App-Diagnose*

Manche Apps möchten Zugriff auf die zahlreichen Diagnosedaten haben, die Windows erfasst und speichert. Mit dieser Einstellung schalten Sie die Schnittstelle dafür ab, was unbedingt empfehlenswert ist. Einzige Ausnahme: Sie haben Apps installiert, die ausdrücklich auf diese Daten zugreifen sollen, etwa um das System zu überwachen und zu optimieren. Dann muss diese Option eingeschaltet sein. Allerdings sollten Sie dann die nachfolgende Einstellung nutzen, um den Zugriff genau auf diese Apps zu beschränken.

Standard: *Ein* – Empfehlung: *Aus*

Zulassen, dass Apps auf Diagnoseinformationen von anderen Apps zugreifen können

Windows-Einstellungen: *Datenschutz und Sicherheit/ App-Diagnose*

Wenn Sie die Diagnose-Schnittstelle nicht wie vorangehend beschrieben grundsätzlich verrammelt haben, können Sie mit dieser Einstellung steuern, ob und ggf. welche Apps Zugriff auf Diagnosefunktionen haben sollen. Auch hier gilt: Standardmäßig sollte das nicht zulässig sein. Es sei denn, Sie nutzen ausdrücklich eine App, die genau das tun soll. Dann muss diese Option eingeschaltet und nur die betreffende App in der Liste darunter aktiviert werden.

Standard: *Ein* – Empfehlung: *Aus* bzw. nur die Apps aktivieren, von denen Sie sich konkret Hilfe bei der Überwachung und/oder Optimierung Ihres PCs erwarten

Automatische Dateidownloads

Windows-Einstellungen: *Datenschutz und Sicherheit/ Automatische Dateidownloads*

Grundsätzlich erlaubt Windows es Apps, auf Cloud-Speicher wie OneDrive zuzugreifen, um dort Dateien zu lesen oder zu speichern. Allerdings erhalten Sie in diesem Fall eine Benachrichtigung über das Infocenter am rechten Bildschirmrand. Hier können Sie den

Zugriff ablehnen und diese App dauerhaft dafür sperren. Solche Apps tauchen hier in der Liste unter *Zuvor blockierten Apps erlauben, automatische Dateidownloads anzufordern* auf, falls Sie die Sperre später wieder aufheben möchten.

Empfehlung: Sperren nur aufheben, wenn Sie einer App ausdrücklich den Zugriff auf Online-Speicher gestatten möchten.

Bibliotheken, Downloads und Dateisystem

Datenschutz ist auch Dateischutz, insbesondere wenn Dateien Dokumente oder andere vertrauliche Informationen erhalten. Den Zugriff auf Dateien zu ermöglichen, ist eine zentrale Aufgabe eines PCs. Aber das bedeutet nicht, dass immer alles für jeden zugänglich sein muss und dass alle Apps auf alle Daten zugreifen dürfen. Deshalb finden Sie in den Datenschutzeinstellungen Unterbereiche für die typischen Windows-Bibliotheken sowie das Dateisystem insgesamt: *Dokumente, Ordner "Downloads", Musikbibliothek, Bilder, Videos* sowie *Dateisystem*. Damit lässt sich der Zugriff von Apps auf die jeweiligen Bereich bedarfsgerecht begrenzen.

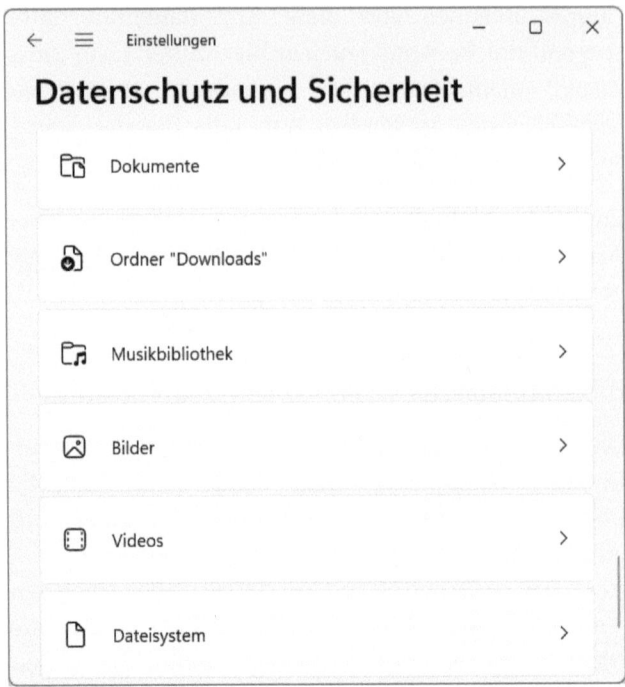

Die Einstellungen für alle diese Bereiche sind praktisch gleich, deshalb stelle ich nur die Einstellungen für Dokumente beispielhaft vor:

▶ Mit *Zugriff auf ...* steuern Sie, ob Benutzer eigenen Einstellungen für den Zugriff von Apps auf die Bibliothek wählen dürfen. Andernfalls wird der Zugriff für Apps grundsätzlich blockiert. Die weiteren Optionen auf dieser Seite sind dann auch nicht mehr zugänglich.

▶ Wenn der Zugriff oben grundsätzlich erlaubt ist, kann jeder Anwender darunter mit der Option

Apps den Zugriff auf ... gestatten festlegen, ob Apps grundsätzlich Zugriff auf die Bibliothek Ihrer Dokumente haben sollen.

▷ Darunter finden Sie eine Liste der Apps, die bislang Zugriff auf diese Bibliothek genommen haben. Standardmäßig erlaubt Windows dies, wenn die Option oben entsprechend gesetzt ist. Sie können aber hier einzelnen Apps das Zugriffsrecht nachträglich wieder entziehen, indem Sie den zu dieser App gehörenden Schalter auf *Aus* stellen.

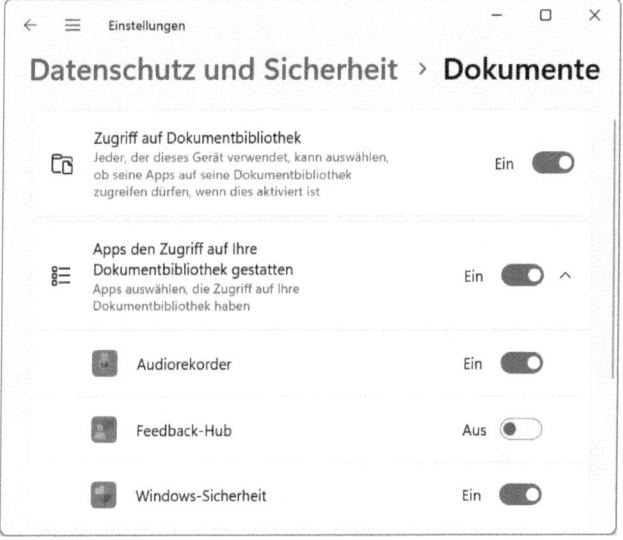

Bildschirmfotos (Screenshots)

Mit in Windows eingebauten Funktionen (**[Win]+[Umschalt]+[S]**) oder zusätzlichen Programmen können Sie Abbildungen des Bildschirms oder bestimmter Ausschnitte erstellen und als Bilddateien speichern („Screenshots"). Dies kann insofern problematisch sein, als diese Funktionen auch von Apps genutzt werden können, um heimlich Aufnahmen von Bildschirminhalten zu machen. Diese können der allgemeinen Überwachung von Aktivitäten dienen oder aber auch dem gezielten Ausspähen von sensiblen Eingaben wie Kennwörtern. Deshalb sollten diese Funktionen deaktiviert bzw. nur ausgewählten Apps zugänglich gemacht werden.

Zugriff auf Screenshots

Windows-Einstellungen:
Datenschutz und Sicherheit/Screenshots und Apps

Diese Einstellung steuert grundsätzlich, ob alle Benutzer zulassen dürfen, dass bestimmte Apps Screenshots erstellen dürfen. Wenn die Arbeit mit dem PC keine Bildschirmfotos erfordert, kann die Funktionalität damit effektiv deaktiviert werden.

Standard: *Ein* – Empfehlung: *Aus*

Zulassen, dass Apps Screenshots verschiedener Fenster und Anzeigen erstellen

Windows-Einstellungen:
Datenschutz und Sicherheit/Screenshots und Apps

Nur wenn Sie Apps einsetzen, mit denen Sie Bildschirmfotos erstellen möchten, sollten Sie diese Einstellung aktiviert lassen. Die Liste darunter umfasst alle Apps, die bislang eine Berechtigung für Screenshots angefordert haben. Schalten Sie nur die Apps auf *Ein*, die sie ausdrücklich für diesen Zweck einsetzen möchten.

Standard: *Ein* – Empfehlung: *Aus* bzw. nur für aktiv genutzte Apps *Ein*

Zulassen, dass Desktop-Apps Screenshots von verschiedenen Fenstern oder Anzeigen erstellen

Windows-Einstellungen:
Datenschutz und Sicherheit/Screenshots und Apps

Da Desktop-Anwendungen für Screenshots eine andere Schnittstelle verwenden als Apps, können Sie mit dieser Einstellung das Erstellen von Bildschirmfotos durch Desktop-Anwendungen grundsätzlich zulassen oder ablehnen. Eine Steuerung auf Basis einzelner Programme wie bei Apps ist hierbei nicht vorgesehen.

Standard: *Ein* – Empfehlung: *Aus*

Datenschutzlücken in der Oberfläche schließen

Ja, es gibt auch Datenschutzlücken in der Windows-Oberfläche. Der Sperrbildschirm ist ein Zwitterwesen, das einerseits den PC vor unerwünschten Zugriffen schützen soll, andererseits dem Benutzer wichtige Informationen zukommen lassen möchte, ohne dass dieser jedes Mal das Gerät entsperren muss. Und dieser Spagat zwischen Schutz und Komfort kann schiefgehen. Denn was auf dem Sperrbildschirm angezeigt wird, ist unter Umständen eben nicht nur dem berechtigten Benutzer zugänglich.

Benachrichtigungen auf dem Sperrbildschirm anzeigen

Windows-Einstellungen:
System/Benachrichtigungen/Benachrichtigungen

Diese Einstellung ist insofern problematisch, als der Sperrbildschirm von jedem angezeigt werden kann. Wenn Sie Ihren PC gesperrt eingeschaltet lassen und er währenddessen neue Nachrichten empfängt, werden Benachrichtigungen auf dem Sperrbildschirm angezeigt. Jeder der physischen Zugang zu Ihrem PC hat, kann diese einsehen und somit beispielsweise den Betreff einer eingegangenen E-Mail oder SMS oder auch die Beschreibung eines anstehenden Termins lesen. Wenn Sie dies vermeiden möchten, sollten Sie diese Einstellung deaktivieren.

Standard: *Ein* – Empfehlung: *Aus*

Erinnerungen und eingehende VoIP-Anrufe auf dem Sperrbildschirm anzeigen

Windows-Einstellungen:
System/Benachrichtigungen/Benachrichtigungen

Genau wie bei der vorangehend beschriebenen Einstellung kann das dazu führen, dass Ihr gesperrter PC Informationen anzeigt, die von anderen Personen in Ihrer Abwesenheit gelesen werden können. Diese können so erfahren, was für Termine Sie haben oder von wem Sie in Abwesenheit Anrufe erhalten. Wenn Sie dies vermeiden möchten, sollten Sie diese Einstellung deaktivieren.

Standard: *Ein* – Empfehlung: *Aus*

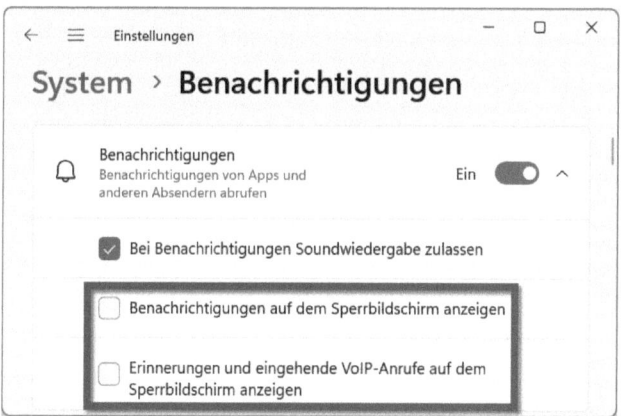

Status des Sperrbildschirms

Windows-Einstellungen:
Personalisierung/Sperrbildschirm

Mit dieser Einstellung bestimmen Sie eine App, die auf dem Sperrbildschirm nicht nur ein Symbol, sondern ausführlichere Informationen anzeigen darf. Ist dies beispielsweise Ihr Kalender oder Facebook, kann es dazu führen, dass persönliche Informationen angezeigt werden. Die kann jeder einsehen, denn selbst ein abgeschalteter Bildschirm lässt sich mit einfachem Tastendruck zum Leben erwecken. Dann werden der Sperrbildschirm - und mit ihm die Informationen - angezeigt. Wenn Sie diesbezüglich Bedenken haben, sollten Sie hier also *Kein* oder alternativ eine App wie *Wetter* wählen, deren Anzeige datenschutzmäßig unproblematisch ist.

Standard: *Kalender* – Empfehlung: *Keiner*

4. Datenschutz im Edge-Browser

Eine wichtige Rolle für den Datenschutz spielt auch der Webbrowser. Er verwendet eine ganze Reihe von Funktionen, die für mehr Komfort sorgen, zu diesem Zweck allerdings besuchte Webadressen und Suchbegriffe erfassen und weitergeben. Außerdem unterstützen Webbrowser moderne Tracking-Technologien, die das Verfolgen von Surfern über verschiedene Webseiten hinweg erleichtern.

Die im Folgenden beschriebenen Einstellungen beziehen sich in erster Linie auf den bei Windows mitgelieferten Edge-Browser. Wenn Sie einen anderen Webbrowser bevorzugen, gibt es ähnliche Funktionen und Einstellungen, die aber etwas anders aussehen.

▶ Der weitverbreitete Chrome-Webbrowser von Google ist von Hause aus nicht datenschutzfreundlicher als Edge. Nur landen die Informationen eben bei Google. Die richtigen Einstellungen und Ergänzungen machen aber auch Chrome datensparsamer.

▶ Der Firefox-Webbrowser legt schon von Hause Wert auf Datensparsamkeit und empfiehlt sich deshalb als Alternative für datenschutzbewusste Anwender. Aber selbst hier gibt es Funktionen wie etwa Suchvorschläge und Autovervollständigung beim Tippen im Suchfeld, die standardmäßig aktiv sind und ggf. ausdrücklich abgeschaltet werden sollten.

Unerwünschtes Tracking verhindern

Werbevermarkter und Datenschnüffler lassen sich immer neue Technologien einfallen, mit denen sie Surfer identifizieren und deren Verhalten möglichst nahtlos nachverfolgen können. Edge bringt spezielle Funktionen mit, die solche Tracking-Elemente in Webseiten erkennen und blockieren sollen. Standardmäßig laufen diese auf einem sinnvollen Niveau, das einen Kompromiss zwischen Schutz und Benutzerfreundlichkeit anstrebt. Sie können die Einstellungen aber individuell anpassen und Regeln für spezielle Webseiten festlegen.

1. Ausgangspunkt sind die Websiteinformationen, die Sie jederzeit zur aktuell geöffneten Webseite anzeigen können. Klicken Sie dazu links neben dem Adress- & Suchfeld auf das Schloss-Symbol.

2. Im so geöffneten Dialog sehen Sie eine Bewertung der Webseite unter den Aspekten Sicherheit und Datenschutz.

▷ Insbesondere wenn Sie vertrauliche Informationen wie Kennwörter, PINs oder Kreditkartendaten eingeben möchten, sollte die Verbindung stets vollständig sicher sein. Das können Sie ganz oben überprüfen.

▷ Darunter sehen Sie ggf. Informationen über das Zertifikat des Anbieters sowie verwendete Cookies.

▷ Mit *Berechtigungen für diese Website* können Sie für einzelne Webseiten Zugriffsrechte festlegen, die von den Standardeinstellungen des Browsers abweichen.

▷ Im Abschnitt *Verhinderung der Nachverfolgung für diese Website* sehen Sie den aktuell gewählten Modus dieser Schutzfunktion - standardmäßig Ausgewogen.

▷ Mit dem Schalter rechts daneben können Sie den Tracking-Schutz für die aktuell geöffnete Website individuell ein- oder ausschalten. Edge „merkt" sich diese Einstellung und aktiviert sie automatisch wieder, wenn Sie diese Seiten später erneut besuchen.

▷ Ganz unten schließlich sehen Sie, ob und wieviele Tracking-Elemente die aktuelle Webseite enthält. Mit einem Klick auf den Eintrag *Tracker* öffnen Sie ein Untermenü mit Details.

3. Sollte eine Webseite nicht korrekt funktionieren und Sie haben bezgl. Tracking keine Bedenken, können Sie die Verhinderung der Nachverfolgung

für diese Website ausschalten, und somit Elemente zur Nachverfolgung zulassen.

4. Mit einem Klick auf *Tracker* und dann rechts oben auf das Zahnradsymbol öffnen Sie die globalen Tracking-voreinstellungen von Edge. Alternativ finden Sie diese auch in den Einstellungen des Browsers im Bereich *Datenschutz, Suche und Dienste* ganz oben.

5. Mit dem Schalter rechts oben schalten Sie den Tracking-Schutz global ein oder aus.

6. Die drei Kästchen darunter stehen für verschiedene Profile, mit denen die Tracking-Verhinderung zu Werke gehen kann:

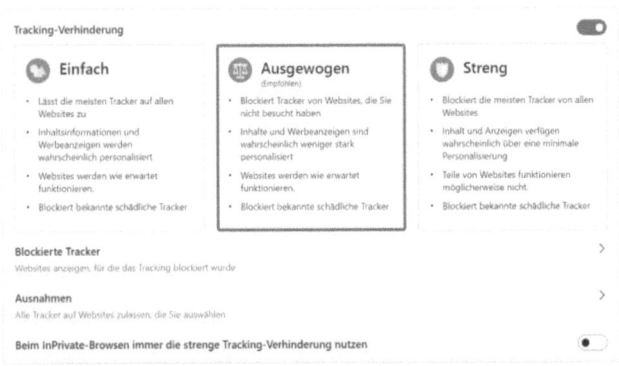

▶ *Einfach* blockiert im Wesentlichen als schädlich bekannte Tracking-Elemente und lässt ansonsten alles zu. Probleme mit Webseiten gibt es in diesem Modus praktisch nicht.

▶ *Ausgewogen* ist die empfohlene Standardeinstellung. Damit werden schädliche

Tracker und Elemente blockiert, die von externen Adressen in Webseiten eingebunden werden. Das bietet einen guten Basisschutz und sollte selten zu Problemen mit Darstellung oder Funktionalität von Webseiten führen.

▶ Wenn Sie sehr großen Wert auf das Blockieren von Trackern legen, können Sie *Streng* ausprobieren. Hierbei wird fast alles blockiert, was allerdings zu regelmäßig zu Problemen mit Webseiten führen wird. Für diese können Sie dann aber wie vorangehend beschrieben ggf. den Tracking-Schutz deaktivieren.

Mit Edge vertraulich und sicher surfen

Beim Versuch, einen Kompromiss zwischen Datenschutz und Komfort beim Surfen zu finden, kann das InPrivate-Surfen des Edge-Browser eine Hilfe sein. In diesem Modus verzichtet der Browser auf das Speichern aller Arten von Daten, mit denen Ihre Aktivitäten verfolgt werden können. Selbst Cookies werden nur für diese eine Surfsitzung aufbewahrt (um z. B. Onlineshopping zu ermöglichen) und anschließend sofort wieder gelöscht. Der InPrivate-Modus eignet sich deshalb hervorragend, wenn Sie z. B. vorübergehend besonders großen Wert auf Privatsphäre legen oder auch an einem fremden PC surfen wollen.

1. Um den InPrivate-Modus zu nutzen, öffnen Sie mit dem ⋯-Symbol in der Symbolleiste des Browsers das Menü und wählen darin oben *Neues InPrivate-Fenster*. Alternativ geht es mit dem Tastenkürzel **[Strg] + [Umschalt] + [N]** schneller.

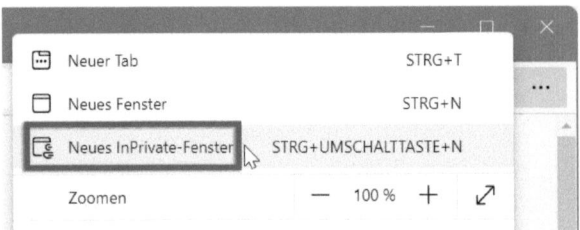

2. Der Edge-Browser öffnet dann ein neues Fenster, das sich durch seine Farbgestaltung und den Schriftzug *InPrivate-Browsen* deutlich vom üblichen Edge-Fenster unterscheidet. Unterhalb des Suchfeldes finden Sie Hinweise zum InPrivate-Modus.

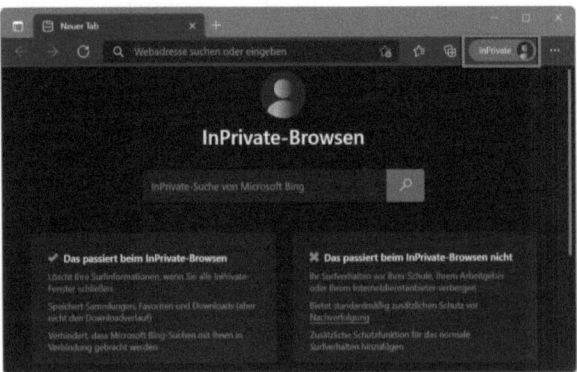

3. Wichtig ist auch das Kontosymbol in der Symbolleiste des Browserfensters. Anstelle eines

Kontos finden Sie hier nun den unübersehbaren Hinweis *InPrivate*. Solange diese Markierung sichtbar ist, können Sie sich darauf verlassen, im Datenschutzmodus zu surfen.

4. Sie können nun wie gewohnt surfen, shoppen und sonstigen Onlineaktivitäten nachgehen.

5. Um den InPrivate-Modus wieder zu beenden, schließen Sie einfach dieses Browserfenster.

Sie können herkömmliche Browserfenster und ein InPrivate-Fenster beliebig parallel nutzen. Der Edge-Browser kann beides sauber trennen und surft in der InPrivate-Sitzung trotzdem mit vollem Datenschutz. Nur Sie selbst sollten darauf achten, in welchem der Fenster Sie gegebenenfalls vertrauliche Daten eingeben.

Mit wechselnden Profilen besonders sicher surfen

Eine gute Möglichkeit, Datenschutz mit Komfort zu kombinieren, ist das Verwenden verschiedener Profile in Edge. Ähnlich wie Windows-Benutzer jeweils eine individuelle Umgebung und ihre eigenen Dateien vorfinden, können Sie auch in Edge verschiedene Benutzerprofile anlegen, die jeweils ihre eigenen Einstellungen verwenden. So können Sie beispielsweise ein restriktives Profil für allgemeine Recherchen haben, ein sehr sicheres Profil für Online-Banking und Shopping und ein weniger strenges

Profil, um komfortabel in Ihren Lieblingsforen mitdiskutieren zu können.

1. Um ein neues Profil anzulegen, klicken Sie oben rechts auf das Profilsymbol.

2. In der Profil-übersicht ist entweder Ihr verknüpftes Microsoft-Konto zu sehen oder ein generisches *Profil 1*.

3. Klicken Sie darunter auf *Profil hinzufügen* und dann nochmal auf *Hinzufügen*.

4. Sie können nun dieses neue Profil mit einem Microsoft-Konto verknüpfen oder aber *Ohne Anmeldung* fortfahren.

5. Edge startet dann eine weitere Browserinstanz. Wenn Sie darin erneut auf das Profil-Symbol in der Symbolleiste klicken, sehen Sie, dass Sie nun mit *Profil 2* (oder *Profil 3* usw.) surfen.

6. Um die Profile zu personalisieren, klicken Sie in der Profilübersicht auf *Profileinstellungen verwalten*.

7. Wechseln Sie ggf. zum gewünschten Profil und klicken Sie dort auf das Symbol. Wählen Sie im Menü den Befehl *Bearbeiten*.

8. Auf der anschließenden Seite können Sie einen individuellen Namen für das Profil festlegen. Außerdem können Sie aus den Symbolen ein passendes wählen, so dass Sie das Profil immer direkt daran erkennen können.

Zwischen den so eingerichteten Profilen wechseln Sie jederzeit nach Bedarf hin und her. Beachten Sie, dass Edge jedes Mal ein zusätzliches Browserfenster öffnet. Stellen Sie also sicher, dass Sie jeweils auch wirklich das gewünschte Profil nutzen. Das Profilsymbol wird dauerhaft in der Symbolleiste angezeigt und bietet somit gute Orientierung.

Profil 1 als meistgenutztes Profil
Wenn Sie Edge öffnen, startet er immer mit Profil 1 (bzw. dem ehemaligen Profil 1, wenn Sie es umbenannt haben). Deshalb sollte Sie dieses Profil mit den Einstellungen versehen, mit denen Sie meistens surfen möchten. Zu weiteren Profilen mit spezielleren Einstellungen wechseln Sie dann nach Bedarf.

Neugierige Werbeschnüffler blockieren

Die Edge-Erweiterung Adblock Plus ist ein Werbeblocker, der lästige Werbebanner, Popups und sonstige Anzeigen aus den angezeigten Webseiten entfernt. Angenehmer Nebeneffekt: Da solche Inhalte beim Besuchen von Webseiten gar nicht mehr abgerufen werden, können Ihre Surfaktivitäten auf diesem Weg auch nicht mehr überwacht werden. Um Adblock Plus nutzen zu können, muss diese Erweiterung für Edge einmalig heruntergeladen und installiert werden. Danach wird sie bei jedem Browserstart mit aktiviert und stellt ihre Funktionen automatisch zur Verfügung.

1. Um eine Erweiterung zu installieren, klicken Sie auf das ● ● ●-Symbol und wählen den Menüpunkt *Erweiterungen* und im anschließenden Dialog unten *Erweiterungen verwalten*.

2. Dadurch werden in der Seitenleiste die installierten Erweiterungen angezeigt. Anfangs ist diese Liste noch leer bzw. mit Vorschlägen gefüllt. Das können Sie schnell ändern, indem Sie auf den Link *Erweiterungen für Microsoft Edge abrufen* klicken.

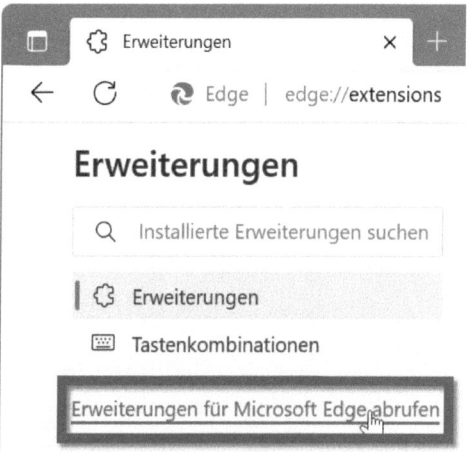

3. Damit öffnen Sie den Microsoft Store direkt in der passenden Kategorie mit einer Übersicht der verfügbaren Erweiterungen. Wenn Sie einen der hier vertretenen Dienste verwenden, lohnt es sich ggf., auch dessen Erweiterung zu installieren. Ansonsten empfiehlt sich AdBlock als Browser-Erweiterung zum automatischen Ausblenden von Onlinewerbung.

4. Wenn Sie eine der Erweiterungen anklicken, gelangen Sie zu deren Detailseite und können hier auf die *Abrufen*-Schaltfläche klicken, um sie einzurichten.

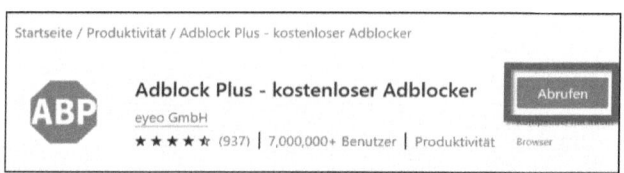

5. Warten Sie ggf. kurz ab, bis das Herunterladen beendet ist. Sie werden nun gefragt, ob die Erweiterung in den Browser integriert werden soll. Klicken Sie auf *Erweiterung hinzufügen*, um dies zu gestatten.

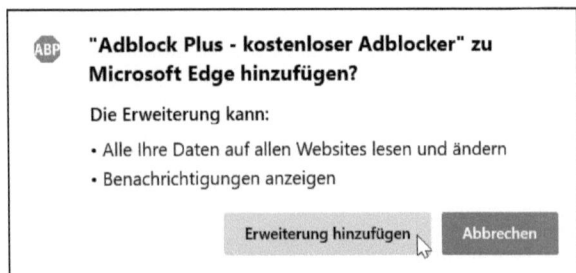

6. Im Fall von AdBlock wird anschließend noch eine Webseite mit zusätzlichen Informationen geöffnet.

Das wars auch schon. Ab sofort ist die Erweiterung in Ihrem Edge-Browser aktiv. Optisch macht sich das in einem neuen Symbol in der Erweiterungen-Liste in der Symbolleiste bemerkbar.

Werbung per Adblocker aussperren

Adblock Plus analysiert alle Webseiten, die Sie im Webbrowser öffnen und erkennt dabei insbesondere typische Werbe- und Tracking-Elemente. Diese werden gezielt blockiert, so dass kein Abruf dieser Inhalte erfolgt. Allerdings kann das gelegentlich unerwünschte Nebeneffekte haben, etwa wenn Webseiten dann nicht mehr funktionieren oder beispielsweise das persönliche Anmelden bei einem Onlineforum nicht funktioniert. In solchen Fällen können Sie Ausnahmen festlegen, um solche Seiten wieder uneingeschränkt nutzen zu können.

> **Adblock Plus in der Edge-Symbolleiste**
> Wenn Sie Adblock Plus aktiv nutzen möchten, lassen Sie die Erweiterung am besten als eigenes Symbol in der Symbolleiste von Edge anzeigen. Klicken Sie dazu auf das Erweiterungen-Symbol in der Leiste, um die Liste der Erweiterungen anzuzeigen. Klicken Sie dann beim Eintrag Adblock Plus ganz rechts auf ••• und im so geöffneten Menü dann auf *In Symbolleiste anzeigen*.

1. Wenn in der aktuell angezeigten Webseite Elemente blockiert wurden, erkennen Sie dies an der Zahl, mit der das Adblock Plus-Symbol dann ergänzt wird. Gleichzeitig können Sie das Symbol jederzeit anklicken, um weitere Informationen zu erhalten.

2. Dann sehen Sie in einem eigenen Dialog, wie viele Elemente AdBlock auf dieser Seite und insgesamt blockiert hat.

3. Sollte die Webseite dadurch nicht korrekt funktionieren, können Sie mit den Schaltern AdBlock nur für diese Seite oder für das gesamte Webangebot deaktivieren.

Datenschutz-Einstellungen in Edge

Das Verhalten von Edge lässt sich in den Einstellungen über eine ganze Reihe von Optionen beeinflussen:

1. Klicken Sie hierzu im Browser auf das Menü-Symbol oben rechts. •••

2. Wählen Sie dann im Menü den Eintrag *Einstellungen* aus.

3. Hier finden Sie rechts eine Übersicht der Rubriken, wo Sie die meisten der folgenden Optionen unter *Datenschutz, Suche und Dienste* finden.

4. Weitere wichtige Einstellungen finden Sie außerdem in der Rubrik *Profile*.

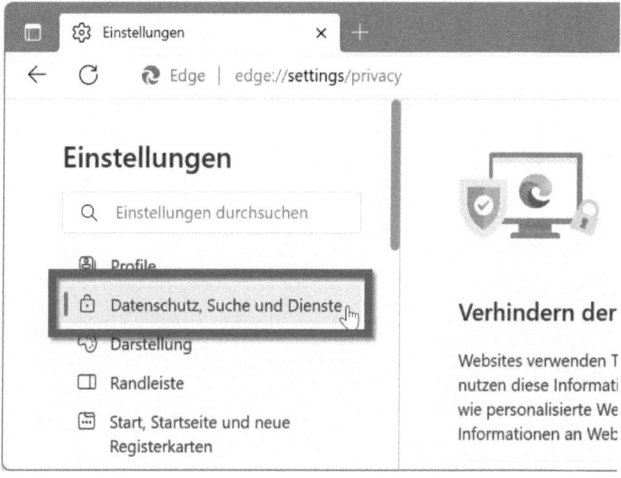

Cookies

Edge-Browser: *Einstellungen/Cookies und Websiteberechtigungen/Verwalten von Cookies und Websitedaten*

Cookies sind kleine Datenspuren, die Websites in winzigen Dateien auf Ihrem PC hinterlassen können. Anhand deren können Sie bei zukünftigen Besuchen gleich wiedererkannt werden. Das klingt nach völliger Überwachung, hat aber auch angenehme Nebeneffekte, etwa dass Sie beim Besuch von Onlineforen automatisch wiedererkannt werden, ohne jedes Mal Benutzername und Kennwort eintippen zu müssen. Wer darauf ganz verzichten will, sollte *Zulassen, dass Websites Cookiedaten speichern und lesen* ausschalten. Die Einstellung *Nur Cookies von Drittanbietern blockieren* ist ein Kompromiss, beim dem Cookies von der eigentlich besuchten Seite zugelassen werden, solche die etwa durch eingebettet Werbung verursacht werden, aber blockiert bleiben.

Standard: Cookies an und Drittanbieter nicht blockiert – Empfehlung: Cookies an, aber Drittanbieter blockieren

Seiten für schnelleres Browsen und Suchen im Voraus laden

Edge-Browser: *Einstellungen/Cookies und Websiteberechtigungen/Verwalten und löschen von Cookies und Websitedaten*

Mit der Seitenvorhersage versucht der Browser zu ahnen, welche Webseiten Sie als nächste aufrufen. Die lädt er im Hintergrund, so dass sie sofort angezeigt werden können, wenn Sie sie denn tatsächlich abrufen. Das Problem ist, dass die Analyse nicht lokal erfolgt, sondern die aktuelle Webseite an Microsoft übermittelt wird. Dort wird sie analysiert und dem

Browser dann zurückübermittelt, welche Seiten er im Hintergrund laden soll. Außerdem kann es dadurch passieren, dass Cookies an Webseiten übermittelt werden, die Sie gar nicht besuchen

Standard: *Ein* – Empfehlung: *Aus*

„Nicht verfolgen"-Anforderungen (Do not track) senden

Edge-Browser: *Einstellungen/Datenschutz, Suche und Dienste/Datenschutz*

Mit „Do not track" signalisiert Ihr Webbrowser den Betreibern von Websites, dass Sie nicht mittels Cookies und anderen ID-Tricks identifiziert und nachverfolgt werden möchten. Ob sich die Betreiber daran halten oder diese Vorgabe einfach ignorieren, bleibt aber denen überlassen, denn das Prinzip basiert auf Freiwilligkeit. In jedem Fall kann es nicht schaden, diese Option aktiviert zu lassen.

Standard: *Aus* – Empfehlung: *Ein*

Such- und Websitevorschläge mit den eingegebenen Zeichen anzeigen

Edge-Browser: *Einstellungen/Datenschutz, Suche und Sicherheit/Adressleiste und Suche*

Wenn Webadresse oder Suchbegriffe beim Eintippen automatisch ergänzt werden, ist an sich ganz praktisch. Oft spart das viel Tipparbeit und manchmal ergibt sich die Antwort auf eine Frage schon alleine aus diesen Suchvorschlägen, so dass man die eigentliche Suche gar nicht mehr durchzuführen braucht. Aber diese Vorschläge kommen von der eingestellten Suchmaschine (siehe oben) und bedeuten, dass jeder Ihrer Eingaben im Adress- und Suchfeld umgehend an eben diese übermittelt wird. Ich persönlich möchte trotzdem nicht darauf verzichten, aber wer es mit Datenschutz absolut ernst meint, sollte das wohl tun.

Standard: *Ein* – Empfehlung: *Aus*

Vorschläge aus Verlauf, Favoriten und anderen Daten auf diesem Gerät unter Verwendung meiner eingegebenen Zeichen anzeigen

Edge-Browser: *Einstellungen/Datenschutz, Suche und Sicherheit/Adressleiste und Suche* (ganz unten)

Der Suchverlauf sorgt dafür, dass Ihnen beim Eintippen von Suchbegriffen ins Adress- und Suchfeld Vorschläge zur Vervollständigung basierend auf früher verwendeten Suchbegriffen gemacht werden. Das ist vor allem ein Problem, wenn Sie den PC mit anderen teilen oder gelegentlich gemeinsam mit anderen Personen nutzen. Diese können so unter Umständen von Suchbegriffen erfahren, die Sie in der Vergangenheit verwendet haben. Wenn Sie das um jeden Preis vermeiden möchten, sollten Sie diese

Komfortfunktion deaktivieren. Alternativ können Sie regelmäßig den Suchverlauf löschen.

Standard: *Ein* – Empfehlung: *Ein*

Windows Defender SmartScreen

Edge-Browser: *Einstellungen/Datenschutz, Suche und Dienste* (Abschnitt *Sicherheit*)

Der SmartScreen-Filter warnt Sie vor Webseiten, die dafür bekannt sind, schädliche Inhalte oder Malware zu verbreiten. Dafür wird aber jeder Ihrer Seitenaufrufe an Microsoft übermittelt, da der SmartScreen-Filter sondern ein Cloud-Dienst ist. Wer dessen Schutz in Anspruch nehmen möchte, muss also mit seinen Daten bezahlen. Trotzdem halte ich diese Funktion insbesondere bei weniger versierten Internetnutzern für einen hilfreichen Schutz, der diesen Preis wert ist und würde eher dazu raten, sie eingeschaltet zu lassen.

Standard: *Ein* – Empfehlung: *Ein*

Navigationsfehler automatisch beheben

Edge-Browser: *Einstellungen/ Datenschutz, Suche und Dienste* (Abschnitt *Dienste*)

Wenn Sie sich beim Eingeben einer Webadresse vertippen, möchte der Webbrowser Ihnen gerne behilflich sein und ähnliche Adressen vorschlagen unter denen sich dann hoffentlich die gewünschte befindet. Das ist komfortabel, hat aber den Haken, dass diese Funktion nicht offline auf Ihrem PC ausgeführt wird. Stattdessen übermittelt der Browser die eingegebene Adresse an Microsoft bzw. einen speziellen Webdienst und holt sich von diesem sinnvoller Alternativen. Auch auf diesem Wege können also Daten über Ihr Surfverhalten und Ihre Interessen gesammelt werden. Edge verfügt sogar über zwei verschiedene Optionen dafür (beide ganz oben im Abschnitt *Dienste*): *Webdienst zum Beheben von Navigationsfehlern verwenden* und *Ähnliche Websites vorschlagen, wenn eine Website nicht gefunden wird*.

Standard: beide *Ein* – Empfehlung: beide *Aus*

Speichern von Kennwörtern anbieten

Edge-Browser: *Einstellungen/Profile/Kennwörter*

Das Speichern von Kennwörtern ist eine Komfortfunktion und als solche nicht ganz unproblematisch. Wenn jemand anderes Zugang zu Ihrem PC und Ihrer Windows-Anmeldung erlangt, kann er sich so in Ihrem Namen bei Webangeboten anmelden. Wenn Sie ein Microsoft-Konto verwenden und das Synchronisieren von Kennwörtern nicht deaktiviert haben, werden Ihre Kennwörter außerdem an Microsoft-Server übermittelt. Wichtig: Wenn Sie das Speichern von Kennwörtern deaktivieren, werden die bislang gemerkten Passwörter nicht automatisch gelöscht. Das müssen Sie manuell erledigte, indem Sie auf *Meine gespeicherten Kennwörter klicken* und in der so geöffneten Liste alle Einträge entfernen.

Standard: *Ein* – Empfehlung: *Aus*

Grundlegende Informationen ausfüllen und speichern

Edge-Browser:
Einstellungen/Profile/Persönliche Informationen

Mit „Grundlegenden Informationen" sind Daten wie Name, Adressen, Telefonnummern usw. gemeint, die Sie in Formulare auf Webseiten eintippen. Damit verhält es sich ganz ähnlich wie mit Kennwörtern. Edge kann diese speichern, damit Sie beispielsweise Ihre Adresse nicht immer wieder vollständig einzutragen brauchen. Auch hier erkauft man sich Komfort mit etwas mehr Risiko und dem Problem, dass diese Daten bei einem Microsoft-Konto in die Cloud synchronisiert werden.

Standard: *Ein* – Empfehlung: *Aus*

In Adressleiste verwendete Suchmaschine

Edge-Browser: *Einstellungen/Datenschutz, Suche und Dienste/Adressleiste und Suche* (ganz unten)

Standardmäßig verwendet Edge die Microsoft-Suchmaschine Bing, lässt sich aber auf Google oder einen beliebigen anderen Suchdienst umstellen. Wann immer Sie etwas im kombinierten Adress- und Suchfeld des Browser eingeben, was keine eindeutige Webadresse ist, leitet der Browser das als Suchanfrage an die entsprechende Suchmaschine weiter. Das gilt sogar im Fall von simplen Tippfehlern. Völlig abschalten, lässt sich das nicht, aber Sie können hier einen anderen Suchdienst wählen, dem Sie vielleicht mehr Vertrauen entgegenbringen.

Standard: *Bing* – Empfehlung: bevorzugter Anbieter

Weitere Suchanbieter manuell in Edge integrieren

Standardmäßig bietet der Edge-Browser nur die wichtigsten Suchdienste zur Auswahl an. Wer andere Suchmaschinen oder Spezialanbieter bevorzugt, kann diese aber in der Regel in Edge integrieren. In den meisten Fällen reicht es dabei, die Suchseite des gewünschten Suchdienstes einmal im Edge-Browser zu öffnen. Edge erkennt automatisch, dass es sich hierbei um eine Suchmaschine handelt und fügt diese seiner Liste hinzu. Diese finden Sie in den Edge-Einstellungen unter *Datenschutz, Suche und Dienste/Adressleiste und Suche* unter *Suchmaschinen verwalten.* Ab sofort, können Sie diese Suchmaschine dann wie vorangehend beschrieben jederzeit als Standardsuchdienst auswählen.

Damit das klappt, muss der Betreiber allerdings die Daten für den Zugriff auf seinen Dienst in einem bestimmten maschinell lesbaren Format gemäß der OpenSearch-Spezifikation hinterlegt haben. Ist das nicht der Fall, können Sie aber immer noch selbst Hand anlegen:

1. Öffnen Sie wie vorangehend beschrieben die Liste der derzeit in Edge integrierten Suchmaschinen.

2. Um einen Suchdienst manuell aufzunehmen, klicken Sie oben rechts auf *Hinzufügen*.

3. Im so geöffneten Dialog geben Sie die Daten für den Suchdienst ein:

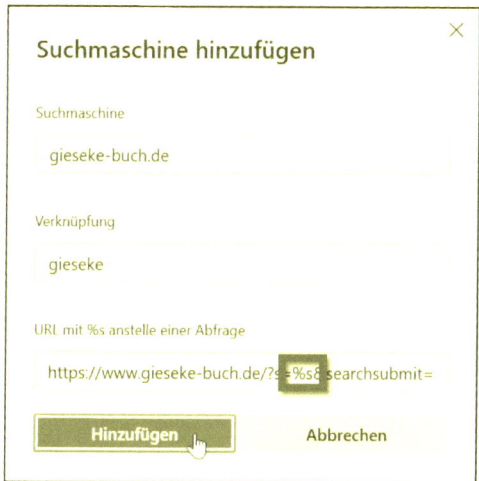

▶ *Suchmaschine*: Der Name der Suchmaschine, wobei Sie die Bezeichnung auch frei wählen können.

▶ *Verknüpfung*: Ein beliebiges kurzes Stichwort zum Wählen des Suchdienstes direkt in der Webadresse, wie vorangehend beschrieben.

▶ *URL*: Entscheidend ist der URL, der für das Durchführen einer Suche genutzt werden soll. Führen Sie hierzu im Webbrowser eine Suche nach einem beliebigen Suchbegriff durch. Wenn die Ergebnisseite angezeigt wird, kopieren Sie den URL aus der Adresszeile des Browsers und fügen ihn hier ein. Wichtig: Ersetzen Sie anschließend den verwendeten Suchbegriff im URL durch %s.

4. Klicken Sie unten auf *Hinzufügen*, um den Eintrag zu speichern

5. Probieren Sie anschließend aus, ob die Integration geklappt hat und Sie den manuell angelegten Suchdienst uneingeschränkt in Edge nutzen können.

Ab sofort verwendet das Suchfeld den neu hinzugefügten Suchdienst. Zwischen eingerichteten Suchdiensten können Sie jederzeit hin- und herwechseln.

5. Weitere Apps und Funktionen

Auch in anderen Windows-Modulen und mitgelieferten Apps gibt es wichtige Einstellungen, mit denen Sie die Datensparsamkeit und Verschwiegenheit Ihres PCs abrunden können.

Windows Defender Security Center

Das mittlerweile zu *Windows-Sicherheit* umbenannte ehemalige Windows Defender Security Center fasst alle Funktionen und Einstellungen rund um Sicherheit zusammen. Dies betrifft auch einige datenschutzbezogene Einstellungen. Sie öffnen es über das Symbol im Infobereich oder in den Einstellungen unter *Update und Sicherheit/ Windows-Sicherheit* mit der Schaltfläche *Windows-Sicherheit öffnen*.

Cloudbasierter Schutz

Windows-Sicherheit:
Viren- und Bedrohungsschutz/ Einstellungen für Viren- und Bedrohungsschutz/ Einstellungen verwalten

Ist diese Option eingeschaltet, übermittelt der Windows Defender automatisch Informationen über seine Tätigkeit an Microsoft. Dies umfasst Angaben zu erkannter Malware, die für das statistische

Auswerten und Erkennen von neuen Infektionswellen verwendet werden. Hierzu gehört auch, wenn Sie eine zunächst als Malware eingestufte Datei anschließend als zulässig bewerten. Solche Informationen werden auch mit anderen Benutzern geteilt. Umgekehrt profitieren Sie auch von den daraus gewonnenen Erkenntnissen in Form einer besseren Trefferquote bei der Erkennung von Malware. Ein unmittelbarer Nachteil entsteht Ihnen aus dem Deaktivieren dieser Funktion aber nicht.

Standard: *Ein* – Empfehlung: *Ein*

Automatische Übermittlung von Beispielen

Windows-Sicherheit:
Viren- und Bedrohungsschutz/ Einstellungen für Viren- und Bedrohungsschutz/ Einstellungen verwalten

Hier wird gesteuert, ob der Defender bei erkannter Malware Dateien automatisch übermitteln darf. Dies ist problematisch, da diese Datei auch andere, persönliche Inhalte haben kann. Außerdem ist nicht jede Datei, die der Defender als Malware erkennt, auch tatsächlich bösartig. Es empfiehlt sich deshalb, diese Option zu deaktivieren. Sie werden dann jeweils gefragt, wenn der Defender Daten übermitteln möchte und können ablehnen oder zustimmen.

Standard: *Ein* – Empfehlung: *Aus*

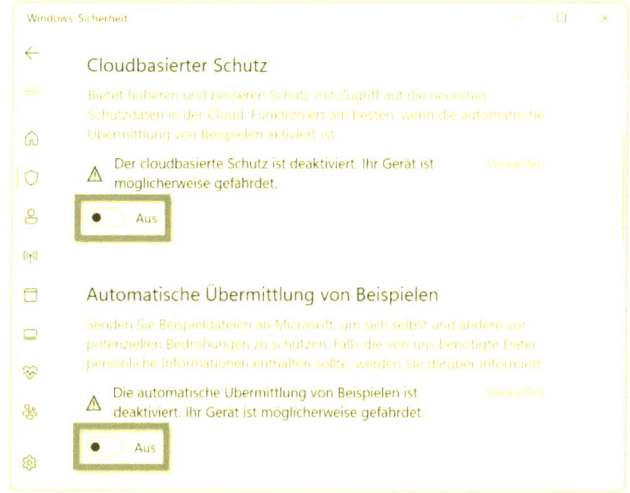

Leider beschwert sich Windows beim Deaktivieren dieser Funktionen, dass die Sicherheit dadurch „möglicherweise gefährdet" sei. Sie brauchen diese Beschwerden aber nur auf der Startseite von *Windows-Sicherheit* jeweils zu *Verwerfen*.

SmartScreen für Microsoft Edge

Windows-Sicherheit:
App- und Browsersteuerung/ Zuverlässigkeitsbasierter Schutz

Ist diese Option eingeschaltet, werden Webseitenabrufe und Downloads, die Sie mit dem Edge-Browser durchführen wollen, zuvor mit einer Liste vermutlich bösartiger Adressen abgeglichen und ggf. blockiert. Das ist an sich eine sinnvolle

Schutzmaßnahme. Allerdings bedeutet es eben auch, dass alle von Ihnen aufgerufenen Webadressen von dieser Abgleichfunktion an Microsoft übermittelt werden. Wer das nicht möchte oder vielleicht auf eine alternative Sicherheitslösung setzt, kann den SmartScreen-Filter für Edge hier deaktivieren. Grundsätzlich würde ich ihn aus Sicherheitsgründen aber eingeschaltet lassen.

Standard: *Ein* – Empfehlung: *Ein*

SmartScreen für Windows Store-Apps

Windows-Sicherheit:
App- und Browsersteuerung/ Zuverlässigkeitsbasierter Schutz

Ist diese Option eingeschaltet, wird jede Webadresse, die innerhalb einer App besucht wird, durch Microsoft mit einer Liste vermutlich bösartiger Seiten abgeglichen und ggf. blockiert. Dabei kommt derselbe SmartScreen-Filter wie beim Edge-Browser zum Einsatz. Allerdings kann er hier unabhängig davon gesteuert werden. Aus Sicherheitsgründen halte ich diese Einstellung für sinnvoll. Wer eine alternative Sicherheitslösung einsetzt oder auf diesen Schutz bewusst verzichten möchte, kann sie deaktivieren.

Standard: *Ein* – Empfehlung: *Ein*

Datenschützers Alptraum: Cortana

Cortana ist Microsofts Alternative zu Apples Siri oder Amazons Alexa: Eine digitale Assistentin, die menschliche Sprache erfassen und „verstehen" kann. Man kann also Anweisung einfach aussprechen, anstatt die entsprechenden Aktionen selbst umständlich ausführen zu müssen.

Aus Datenschutzsicht ist Cortana wohl ganz treffend als Datenkrake zu betrachten. In dem Bemühen, möglichst viel über den Benutzer zu lernen und so immer möglichst individuell und passend auf seine Eingaben zu reagieren, zapft Microsoft jede halbwegs sinnvolle Datenquelle an. Selbst Dinge, die mit Cortana unmittelbar nichts zu tun haben, werden ausgewertet, etwa die Adresse und Sucheingaben im Browser (siehe Edge-Einstellungen). Außerdem ist Vorbedingung für die Nutzung von Cortana die Windows-Anmeldung mit einem Microsoft-Konto.

Cortana bei Windows 11

Die gute Nachricht ist, dass Microsoft auf die Bedenken reagiert und Cortana bei Windows 11 mittlerweile als eigenständige App ausliefert, die nicht mehr so eng mit dem Betriebssystem selbst verzahnt ist. Wer Cortana nicht mag bzw. aus Datenschutzgründen nicht nutzen möchte, kann sie inzwischen also durch einfaches Nichtnutzen weitestgehend ignorieren.

Wenn Sie Ihre Daten schützen möchten und Cortana bislang nicht benutzt haben, belassen Sie es am besten dabei. Sollten Sie Cortana aber schon aktiviert haben, sind mehrere Schritte nötig, um sie zu deaktivieren und die bereits erhobenen Daten über Sie aus der Cloud zu entfernen.

Cortanas Zugriffsrechte beschränken

Da Cortana mittlerweile als eigenständige App nicht mehr ganz so eng mit Windows verzahnt ist, ergeben sich neue Möglichkeiten, sie zu bändigen.

1. Öffnen Sie in den Windows-Einstellungen den Bereich *Apps/Installierte Apps*.

2. Lokalisieren Sie in der Liste den Eintrag *Cortana* und klicken dort ganz rechts auf ● ● ●, um ein Menüs mit Optionen für diese App zu öffnen.

3. Sie werden darin wie bei anderen Apps auch eine *Deinstallieren*-Schaltfläche vorfinden, aber diese ist

ausgegraut und inaktiv. So leicht werden Sie Cortana also nicht los (aber es geht, siehe S. XXX).

4. Aber Sie können hier auf *Erweiterte Optionen* klicken.

5. Im so geöffneten Dialog sehen Sie im Abschnitt *App-Berechtigungen* alle Rechte, die Cortana derzeit zugewiesen sind und können diese verändern. Also beispielsweise den Mikrofon-Zugriff entziehen, wenn Sie auf Sprachsteuerung ohnehin verzichten.

6. Im Abschnitt *Wird bei der Anmeldung ausgeführt* können Sie die Option *Cortana* auf *Aus* stellen. Dann wird Cortana nicht mehr automatisch mit

Windows gestartet. Wenn Sie es gelegentlich verwenden, kann der Start der App dann aber jeweils etwas länger dauern.

7. Ganz unten im Abschnitt *Zurücksetzen* finden Sie Schaltflächen für das *Reparieren* und *Zurücksetzen* der App. Letzteres löscht auch alle lokalen Daten, die Cortana bis zu diesem Zeitpunkt gesammelt hat.

Daten in der Cloud löschen

Durch das Deaktivieren von Cortana werden keine neuen Daten mehr erhoben. Die bereits in die Cloud übermittelten Erkenntnisse bleiben aber vorhanden. Falls man Cortana doch wieder aktivieren würde, könnte man dadurch an der alten Stelle weitermachen, ohne dass die Assistentin sich erst wieder mühsam einstellen muss. Will man dauerhaft auf Cortana verzichten, sollte man diese Daten konsequenterweise aus der Cloud entfernen:

1. Starten Sie hierzu die Cortana-App, klicken Sie links oben auf ••• und wählen Sie im Menü die *Einstellungen*.

2. In den Einstellungen klicken Sie im Abschnitt Konto auf *Datenschutz*.

3. Danach können Sie im Abschnitt *Microsoft-Datenschutz-Dashboard* auf die *Öffnen*-Schaltfläche klicken. Damit öffnen Sie im Webbrowser die Datenschutzübersicht Ihres Microsoft-Kontos. Für

den Zugriff auf diese Daten müssen Sie sich ggf. erst im Webbrowser bei Ihrem Microsoft-Konto anmelden.

4. Klappen Sie den Abschnitt *Aktivitäten von Apps und Diensten* auf und klicken Sie am Ende der Liste auf *Mehr anzeigen*.

5. Tippen Sie im so geöffneten Dialog oben im Suchfeld „Cortana" ein. So erhalten Sie alle Datensätze, die mit Cortana zu tun haben.

6. Sie können nun einzelne Einträge löschen oder Sie klicken oben unterhalb des Suchfeldes auf *Löschen derzeit angezeigter Ergebnisse*, um alle gefundenen Daten auf einen Schlag zu entfernen.

7. Anschließend können Sie das Browserfenster schließen. Zurück in der Cortana-App sollten Sie nun noch im Abschnitt *Chatverlauf* auf die *Löschen*-Schaltfläche klicken und auch dies mit einem erneuten Klick auf Löschen bestätigen.

8. Klicken Sie Sie schließlich weiter oben im Menü bei *Kalender- und E-Mail-Zugriff* auf *Berechtigung widerrufen und abmelden*. Damit heben Sie die Verknüpfung von Cortana mit Ihrem Microsoft-Konto auf.

Cortana deinstallieren

Auch wenn Cortana mittlerweile eine eigenständige App ist, kann man sie nicht ohne weiteres wie andere Apps aus dem Windows-Lieferumfang deinstallieren. Das ist auch nicht unbedingt nötig, wenn Sie Corona wie beschrieben alle Berechtigungen entziehen, den automatischen Start mit Windows verhindern und die Assistentin ansonsten einfach ignorieren. Wenn Sie aber auf Nummer sicher gehen möchten, können Sie Corona „auf die harte Tour" loswerden, indem Sie das Softwarepaket dieser App mit Hilfe der Windows-PowerShell (mit Administratorrechten) entfernen:

1. Tippen Sie dazu beispielsweise „Power" im Suchfeld der Taskleiste ein.

2. Klicken Sie dann mit der rechte Maustaste auf den gefundenen Eintrag *Windows PowerShell* und wählen Sie im Kontextmenü den Befehl *Als Administrator ausführen*.

3. Bestätigen Sie die Rückfrage der Benutzerkontensteuerung mit *Ja*.

4. Tippen Sie in der Eingabekonsole der PowerShell nun einen der folgenden Befehle ein:

» wenn Sie Cortana nur für Ihr eigenes Benutzerkonto entfernen möchten:

```
Get-AppxPackage *Microsoft.549981C3F5F10*
| Remove-AppxPackage
```

» wenn Sie Cortana nur für alle Benutzerkonto des PCs entfernen möchten:

```
Get-AppxPackage *Microsoft.549981C3F5F10*
-AllUsers| Remove-AppxPackage
```

5. Wenn Sie nun zur Probe auf das Cortana-Symbol in der Task-Leiste klicken, werden Sie feststellen, dass nichts mehr passiert. Anschließend können Sie auch dieses Symbol ausblenden, indem Sie mit der rechten Maustaste auf eine freie Stelle der Task-Leiste klicken und im Kontextmenü auf *Cortana-Schaltfläche anzeigen* klicken, um das Häkchen dort zu entfernen.

Damit ist Cortana deinstalliert und alle Spuren auf der Oberfläche beseitigt. Der Vorgang lässt sich bei Bedarf umkehrten, falls Sie es sich doch anders überlegen. Da Cortana nun eine eigenständige App ist, kann man sie im Microsoft Store finden und von dort auch wieder installieren.

Die Chat-App vertraulich nutzen

Bei Windows 11 hat Microsoft das bewährte Skype durch eine Chat-App ersetzt. Dabei handelt es sich um eine abgespeckte Einstiegsversion von Microsoft Teams, die einen ähnlichen Funktionsumfang wie Skype bietet. Allerdings ist sie weniger aufdringlich und bedarf keinerlei Aufmerksamkeit, wenn Sie sie ohne nicht nutzen. Wenn Sie die Chat-App aber bereits verwendet haben bzw. zumindest gelegentlich nutzen möchten, sollten Sie ein paar grundlegende Einstellungen kontrollieren:

1. Tippen Sie im Suchfeld des Startmenüs das Schlüsselwort „Teams" ein und öffnen Sie dann die so gefundene App *Microsoft Teams*.

2. Verlangt die Anwendung zunächst eine Anmeldung, können Sie an dieser Stelle abbrechen und brauchen sich nicht weiter darum zu kümmern. Offenbar verwenden Sie ein lokales Konto und haben sich auch noch nie bei Teams angemeldet – belassen Sie es einfach dabei.

3. Sind Sie angemeldet, klicken Sie rechts oben in der Symbolleiste auf Ihr Profilsymbol. Im so geöffneten Dialog können Sie mit dem oberen Menüpunkt Ihren Status steuern. Standardmäßig wird dieser als *Verfügbar* angezeigt. Das ermöglicht es anderen, zu kontrollieren, wann Sie

die App benutzen und wann nicht. Setzen Sie den Status hingegen auf *Als offline anzeigen*, erscheinen Sie immer als nicht verbunden, selbst wenn Sie die App aktiv nutzen.

4. Klicken Sie links neben dem Profilsymbol auf • • • und öffnen Sie die *Einstellungen*.

5. Im Bereich *Allgemein* können Sie steuern, ob *Teams automatisch starten* soll, wenn Windows startet. Dies ist nur sinnvoll, wenn Sie diese Anwendung ständig nutzen. Wollen Sie hingegen nur gelegentlich mit Freunde oder Familie chatten, können Sie die App besser jeweils nach Bedarf öffnen.

6. Wechseln Sie in den Bereich *Datenschutz*, um weitere wichtige Einstellungen vorzunehmen.

7. Mit *Kontaktinformationen verwalten* öffnen Sie einen Dialog, in dem Sie festlegen, ob Informationen wie Ihre E-Mail-Adresse oder Telefonnummer in den Verzeichnissen von Teams öffentlich gemacht werden sollen, so dass andere Sie darüber auffinden können. Es spricht nichts dagegen, hier alles zu deaktivieren. Der Kontakt zu Bekannten muss dann eben auf vertraulicheren Wegen hergestellt werden.

8. *Lesebestätigungen* teilen anderen Teilnehmern mit, ob und wann Sie deren Chat-Nachrichten zur Kenntnis genommen haben. Wenn Sie das nicht möchten, schalten Sie diese Option aus.

9. Mit *Profil verwalten* können Sie steuern, welchen Informationen aus Ihrem Profil anderen Teilnehmern zugänglich gemacht werden. Wollen Sie beispielsweise Ihre Telefonnummer für sich behalten, können Sie hier einstellen, dass diese nicht angezeigt wird.

Datenschutz für die erweiterte Zwischenablage

Die erweiterte Windows-Zwischenablage bietet nicht nur eine Verlaufsfunktion, sondern kann auch über die Cloud zwischen verschiedenen Geräten mit demselben Microsoft-Konto synchronisiert werden.

Das ist eine feine Sache, die aber einen Haken hat: Alles, was Sie in Ihre Zwischenablage einfügen, landet dadurch in der Cloud und/oder kann von anderen Benutzern eingesehen werden, mit denen Sie sich Windows-Geräte teilen. Deshalb müssen Sie nicht unbedingt auf den komfortablen Verlauf der neuen Zwischenablage verzichten, aber zumindest den Cloud-Teil sollten Sie deaktivieren.

1. Die Optionen zum Steuern der erweiterten Zwischenablage finden Sie in den Einstellungen unter *System/Zwischenablage*.

2. Mit der oberen Einstellung *Zwischenablageverlauf* steuern Sie den erweiterten Verlauf insgesamt. Wenn Sie die Verlaufsfunktion gar nicht nutzen möchten, sollten Sie hier *Aus* wählen.

3. Um den Verlauf nur lokal auf ein Gerät zu beschränken, stellen Sie sicher, dass der Schalter im Abschnitt *Auf allen Geräten synchronisieren* auf *Aus* steht.

4. Wenn Sie das Synchronisieren einschalten, werden in den Einstellungen zwei weitere Optionen angezeigt, mit denen Sie je nach Vorliebe zwei verschiedene Herangehensweisen wählen können (die Benennung ist etwas irreführend, denn sie gilt nicht nur für Texte sondern für Bilder usw.):

➢ *Von mir kopierten Text automatisch synchronisieren*: Alle Elemente, die Sie auf diesem Gerät in die Zwischenablage übernehmen, werden automatisch mit allen anderen Geräten synchronisiert. Das ist das standardmäßig eingestellte Verhalten.

▶ *Von mir kopierten Text manuell synchronisieren*: Bei dieser Variante wird standardmäßig nichts synchronisiert. Dafür finden Sie im Kontextmenü jedes Elements im Zwischenablageverlauf ein zusätzliches Wolkensymbol. Mit einem Klick darauf geben Sie dieses Element für das Synchronisieren mit dem Verlauf Ihrer anderen Geräte frei.

Sollten Sie die vernetzte Zwischenablage bereits genutzt haben und nun sicherstellen wollen, dass keine vertraulichen Daten mehr in der Cloud verbleiben, klicken bei *Zwischenablagedaten löschen* rechts auf die *Löschen*-Schaltfläche. Dann werden die Verlaufsdaten der Zwischenablage auf allen Geräten geleert, die mit demselben Microsoft-Konto verbunden sind.

6. Datenschutzeinstellungen per Programm

Zum Schluss dieses Ratgebers möchte ich Ihnen ein Programm vorstellen, das Ihnen den Umgang mit den datenschutzrelevanten Funktionen von Windows auf Dauer erleichtern kann. Es handelt sich dabei um das kostenlose **O&O Shutup10++** (trotz der 10 im Namen ist es auch für Windows 11 geeignet).

O&O Shutup kennt einen großen Teil der für den Datenschutz relevanten Windows-Optionen und erlaubt es, diese in einer einheitlichen, komfortablen Oberfläche einzustellen. Zusätzlich bietet das Programm kompakte Erläuterungen zu diesen Einstellungen an und bringt Empfehlungen mit, durch die Sie Windows mit wenigen Mausklicks sinnvoll auf Verschwiegenheit trimmen können. Es eignet sich vor allem auch gut, um die Einstellungen hin und wieder schnell zu überprüfen oder um auf einem frischen System mit wenigen Mausklicks eine sichere Grundeinstellung herzustellen.

O&O ShutUp10 installieren

Sie können das Programm unter www.oo-software.com/de/shutup10 herunterladen und für private Zwecke uneingeschränkt kostenlos nutzen. Eine Installation ist nicht notwendig. Um das Programm zu

starten führen Sie direkt die heruntergeladene Programmdatei aus.

Ohne Installation hinterlässt das Programm keine Spuren in der Windows-Registry oder den Systemdateien. Sie können es jederzeit wieder entfernen, in dem Sie die Datei löschen. Die mittels des Programms beeinflussten Windows-Optionen werden durch das Löschen des Programms nicht verändert, bleiben also auf den zuletzt (ggf. durch das Programm) gewählten Einstellungen.

Systemwiederherstellungspunkt anlegen

Bevor Sie sich mit dem Programm ans Werk machen, Windows seine Geschwätzigkeit auszutreiben, ist es unbedingt sinnvoll, einen Systemwiederherstellungspunkt anzulegen. Sollten die mit Hilfe des Programms vorgenommenen Änderungen anschließend zu Fehlfunktionen führen oder andere negativen Auswirkungen haben, können Sie dadurch zuverlässig und unkompliziert rückgängig gemacht werden.

Das Programm bietet zwar lobenswerterweise selbst das Erstellen eines Wiederherstellungspunkts an, wenn Sie die erste Änderung vornehmen möchten. Allerdings bietet es keine Erfolgskontrolle dafür und meiner Erfahrung nach klappt das Erstellen auf diese Weise nicht zuverlässig. Deshalb sollten Sie dafür die Windows-eigene Funktion verwenden:

1. Öffnen Sie in der klassischen Systemsteuerung den Bereich *Wiederherstellung*.

2. Wählen Sie hier *Systemwiederherstellung konfigurieren*.

3. Klicken Sie anschließend rechts unten auf die Schaltfläche *Erstellen*. Sollte diese Schaltfläche inaktiv sein, müssen Sie zuvor den Computerschutz mit der Schaltfläche Konfigurieren einschalten.

4. Geben Sie dann eine Bezeichnung für den Wiederherstellungspunkt ein. Diese kann beliebig gewählt werden. Am besten beschreiben Sie kurz den Anlass für das Anlegen der Sicherung.

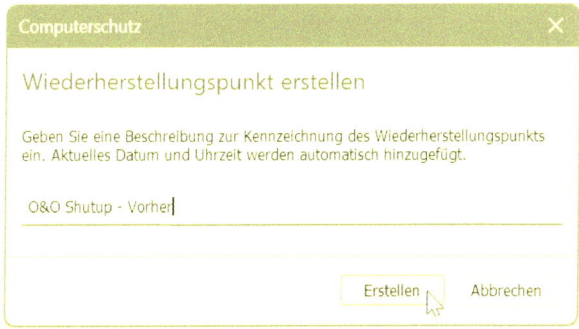

5. Der Assistent sammelt dann die Daten für den Wiederherstellungspunkt ein und sichert ihn. Dies kann ein wenig dauern.

6. Hat alles geklappt und konnte der Wiederherstellungspunkt erfolgreich angelegt werden, erhalten Sie zum Abschluss eine Bestätigungsmeldung. Der Sicherungspunkt ist

nun gespeichert und bleibt Ihnen vorläufig erhalten. Allerdings unterliegen auch manuelle Wiederherstellungspunkte der Regel, dass sie irgendwann automatisch gelöscht werden, um neuen Wiederherstellungspunkten Platz zu machen.

Einzelne Einstellungen vornehmen

Die Oberfläche des Programms besteht aus einer langen Liste von Einstellungen, die in verschiedene Bereiche unterteilt ist. Zu jedem Eintrag finden Sie am linken Rand ein Schaltersymbol. Ist der Schalter nach links gesetzt und das Symbol rot, ist diese Programmoption nicht deaktiviert. Schalten Sie eine Einstellung ein, wird der Schalter nach rechts gesetzt und das ganze Symbol grün.

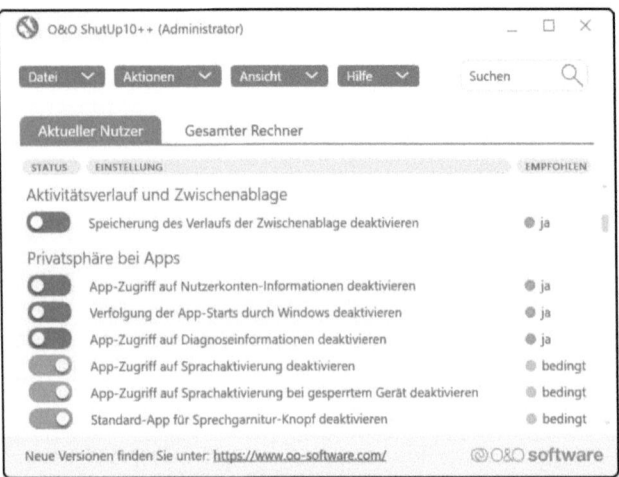

Mit der Interpretation dieses Verhaltens muss man etwas vorsichtig sein. Nehmen wir als Beispiel die Einstellung *Übermittlung von Schreibinformationen deaktivieren*. Damit können Sie unterbinden, dass Daten über Ihre Schreib- bzw. Tippgewohnheiten erhoben werden. Ist diese Einstellung des Programms NICHT eingeschaltet, bedeutet das, diese Schnüffelfunktion ist NICHT deaktiviert, also derzeit aktiv. Um sie zu abzuschalten, müssten Sie also diese Einstellung des Programms aktivieren.

Wenn Sie sich über die Bedeutung einer Option im Unklaren sind, klicken Sie auf den Namen der Einstellung. Dadurch klappen Sie eine kurze Beschreibung dieser Einstellung aus. Ein erneuter Klick versteckt die Erklärung wieder.

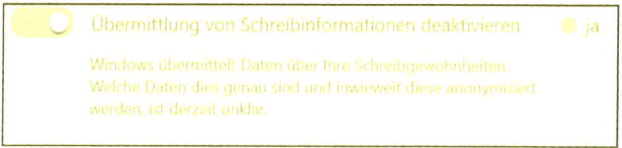

Automatisch optimaler Datenschutz

Neben dem Zugriff auf die einzelnen Funktionen bietet das Programm so etwas wie vorgefertigte Profile. Damit können Sie mit einem Schlag alle Optionen nach einer bestimmten Vorgabe einstellen. O&O ShutUp10 kennt drei solcher Profile:

Empfohlene Einstellungen

Bei diesem Profil nimmt das Programm solche

Einstellungen vor, welche die Entwickler uneingeschränkt empfehlen, weil sie den Datenschutz erhöhen, aber keine Funktionen einschränken.

▶ **Empfohlenen und eingeschränkt empfohlene Einstellungen**
Mit diesem Profil werden zusätzlich einige Einstellungen vorgenommen, die bestimmte Funktionen von Windows deaktivieren oder zumindest einschränken.

▶ **Alle Einstellungen**
Hiermit werden alle Einstellungen des Programms auf einen Schlag aktiviert. Dies wirkt sich auch auf sicherheitsrelevante Funktionen von Windows wie etwa Update, Defender und SmartScreen-Filter aus. Deshalb sollte dieses Profil sinnvollerweise auch nicht zum Einsatz kommen.

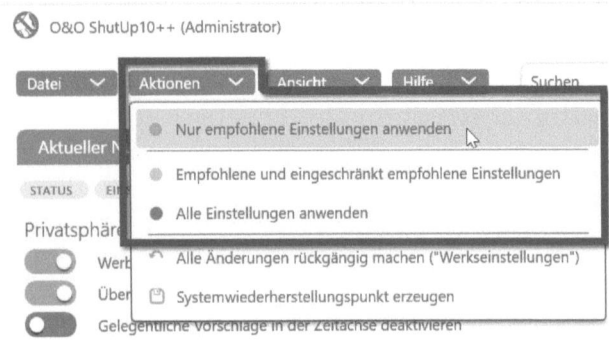

Wie sich die verschiedenen Profile konkret auswirken, können Sie in der Liste der Einstellungen ablesen:

1. Bei jeder Einstellung finden Sie rechts ein farbiger Punkt für das Profil, mit dem diese Einstellung aktiviert werden würde: grün für empfohlen – gelb für eingeschränkt  empfohlen – rot für alle Einstellungen. So können Sie sich einen Eindruck verschaffen, ob etwa die empfohlenen Einstellungen Ihren Anforderungen genügen.

2. Um eines der Profile zu aktivieren, wählen Sie oben links *Aktionen* und dann den Menüpunkt mit dem entsprechenden Symbol.

3. Das Programm führt dann alle zu diesem Programm gehörenden Einstellungen durch.

Es spricht übrigens nichts dagegen, zunächst eines der Profile für eine schnelle Basiseinstellung zu verwenden und anschließend die einzelnen Einstellungen nach Bedarf den eigenen Vorstellungen anzupassen.

Werksreset - Zurück auf Anfang

Sollten Sie in der Vielzahl der Einstellungen doch mal den Überblick verloren haben, gibt es einen praktischen „Werksreset". Dieser stellt alle Optionen, die das Programm berücksichtigen kann, auf den

129

Zustand, in dem Sie mit Windows standardmäßig installiert werden. Die Vorgehensweise dabei ist genau dieselbe wie beim Einstellen mittels eines Profils. Wählen Sie oben links *Aktionen* und dann im Menü den Eintrag *Alle Änderungen rückgängig machen ("Werkseinstellungen")*.

Zum Schluss…

…möchte ich Ihnen für Ihre Aufmerksamkeit danken. Ich hoffe, dieser Ratgeber hat Ihnen viele Erkenntnisse zum Thema Datenschutz bei Windows 11 verschafft und Sie bei der praktischen Umsetzung hilfreich begleitet.

Wenn Sie Frage haben, Feedback loswerden oder Ihre eigenen Erfahrungen teilen möchten, besuchen Sie mich im Internet unter **www.gieseke-buch.de**. Hier finden Sie auch weitere Informationen und Tipps zu diesem und anderen Themen meiner Bücher.

Eine Bitte in eigener Sache

Ich freue mich, wenn Sie Ihre positiven Eindrücke an andere interessierte Leser weitergeben, etwa durch **persönliche Empfehlungen**, eine **Leserrezension** auf einer der einschlägigen Plattformen oder auch durch Hinweise in **Foren oder sozialen Netzwerken**.

Dieser Titel ist ohne Marketing-Budget und Vertriebsstrukturen großer Verlage erschienen, denen das Thema nicht profitabel genug erschien. Deshalb ist **Mund-zu-Mund-Propaganda** besonders wichtig. Wenn Sie also der Meinung sind, dass dieses Buch auch für andere Leser interessant und hilfreich sein könnte, dann **sagen Sie es bitte weiter**.

Vielen Dank.

Stichwortverzeichnis

Mehr

www.gieseke-buch.de

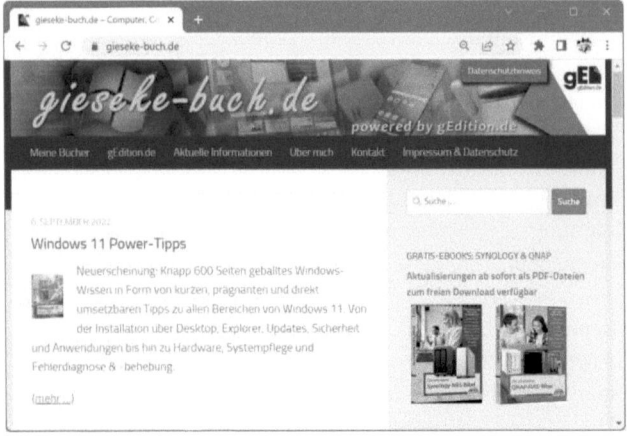

▶ mehr Bücher

▶ mehr Informationen

▶ Ergänzungen

▶ aktuelle Tipps

▶ direkter Kontakt